사회복지 질적 연구 방법론으로서

# 맥락 - 패턴 분석 방법

· 은밀한 맥락을 찾아서 · —————— | 권지성 저 |

*Context-Pattern Analysis Method as a Qualitative*
*Research Approach for Social Welfare.*

Searching for Hidden Context

학지사

# 들어가는 글

다른 책들과 마찬가지로 이 책도 거인들의 어깨 위에서 쓴 것입니다. 이 책의 중심이 된 아이디어는 10년 전에 우연히 보게 된 EBS 다큐멘터리 〈동과 서〉에서 시작되었습니다. 그 다큐멘터리를 보고 지적 자극을 받은 저는 책으로 발간된 『동과 서』를 통해 리처드 니스벳의 『생각의 지도』를 소개받았습니다. 또한 저는 말콤 글래드웰에 대해 생각의 빚을 졌습니다. 그의 책들은 현상을 바라보는 새로운 관점을 갖도록 했습니다. 이러한 지적 자극물로부터 시작된 맥락을 찾아가는 여행은 뇌신경과학을 토대로 한 인지과학과 천체물리학으로까지 이어졌습니다. 꼬리에 꼬리를 무는 호기심들을 충족시키며 결국 세상은 모두 서로 연결되어 있다는 사실을 깨달았으며, 그렇다면 우리의 연구접근도 그러한 연결 고리를 발견하는 작업이 아닐까 생각하게 된 것입니다. 이 책은 그러한 생각을 발전시킨 결과물입니다.

**"세상은 복잡계다. 따라서 연구 결과도 가능한 한 복잡해야 한다."**
이것이 이 책의 가장 중요하고 기본적인 생각입니다. 우리가 사는 우주는 가늠할 수 없이 넓고(지금도 조금씩 팽창하고 있다고 믿고 있지요), 우리가 사는 이 세상은 헤아릴 수 없이 많은 개체들과 그 것들 사이의 연결 고리로 구성되어 있습니다. 시간과 공간의 경계를 제한하고 특정 현상으로 범위를 좁혀 보아도 복잡하기는 마찬 가지입니다. 그러나 분야와 상관없이 과학을 하는 연구자들이 지금까지 해 온 일은 이러한 현상을 단순화하는 것입니다. 복잡한 현상을 단순한 관계로! 이것이 과학의 슬로건이라고 할 수 있을 것입니다. 저는 이것이 자연스럽고 불가피한 일이라고 생각하기는 하지만, 조금 다른 접근을 시도해 보자고 제안하는 것입니다. 즉, '복잡한 현상을 우리에게 유용한 수준에서 복잡하게 파악하고 제시하자!'라는 것이죠. 그러한 작업을 어떻게 해야 할지, 어떻게 할 수 있을지를 현재 제 생각의 테두리 내에서 제안하는 것이 이 책의 주제입니다. 이 책은 주기적으로 갱신될 것입니다. 제 생각이 크게 바뀔 때마다, 그리고 더 많은 분들이 새로운 생각들을 전해 주고, 그 생각이 수용될 때마다 그럴 것입니다. 사회복지 분야의 선후배, 동료 연구자들의 망설임 없는 비판과 제안을 부탁드립니다.

권지성 드림

# 차례

제2부  맥락-패턴 분석 방법을
적용한 주요 논문

제1부

# 맥락-패턴 분석 방법의 이해

제1장

# 사회복지 질적 연구접근의 재구성:
# 맥락-패턴 분석 방법의 배경

## 1. 서론

이 책의 목적은 사회복지학의 연구 주제를 탐구하는 데 적합한 질적 연구접근의 새로운 틀을 제안하는 데 있습니다. 질적 연구자인 저는 지금까지 사회복지학에서 이루어져 온 질적 연구접근들을 검토한 뒤에, 다양한 질적 연구들을 수행하면서 초점을 두어 온 연구 주제들을 분류하고, 각 연구 주제군에 맞는 연구접근이 어떤 것일지 고민해 보았고, 이 책을 통해 그 결과를 공유하려는 것입니다. 이를 위해서는 먼저 새로운 대안으로서 맥락-패턴 분석 방법을 고안하게 된 배경을 설명하는 것이 중요하다고 생각됩니다.

제가 이 글을 쓰게 된 배경은 다음과 같습니다. 저는 그동안 질적 연구자로서 정체성을 갖고 질적 연구를 공부하고 배우며, 수행하고 가르쳐 왔습니다. 이러한 과정에서 기존의 질적 연구접근들을 사회복지학의 연구 주제들에 적용하는 것과 적용하도록 가르치는 것이 결코 쉽지 않다는 사실을 깨달았습니다. 간략하게 말씀드리자면 이런 것입니다.

어떤 연구자가 결혼이민여성을 대상으로 질적 연구를 해 보기로 했습니다. 이때 구체적인 연구 주제에 따라 그에 맞는 질적 연구접근을 선택해야 합니다. 대부분의 질적 연구자들은 지금까지 사회복지학에서 주로 사용되어 온 질적 연구 방법들—근거이론, 현상학, 사례연구, 문화기술지, 내러티브 접근 등—중에서 대안을 선택하게 됩니다. 그런데 이 과정에서 어려움을 겪게 됩니다. 만약 이 연구자가 결혼이민여성이 한국인 남편과 결혼한 이후 적응해 가는 과정에 관심을 갖게 된다면, 그는 아마도 근거이론을 선택하게 될 것입니다. 그리고 그중에서도 Strauss와 Corbin의 근거이론 접근을 선택할지도 모르겠습니다. 그런데 막상 이 접근을 선택하여 적용하다 보면 난관에 봉착하게 됩니다. 많은 질적 연구자들이 경험해 온 바와 같이, 이 연구 방법은 지나치게 형식에 얽매이는 경향이 있고, 개방코딩, 축코딩, 선택코딩을 거치면서 때로는 너무 복잡하고 때로는 불필요하게 느껴지는 분석 과정을 거치게 됩니다. 사실 이 연구자는 그저 결혼이민여성이 적응해 가는 과정을 단계나 국면으로 정리하고, 각 단계별로 중요한 개입 이슈들을 파악하는 수준에서 연구를 진행하고 싶어 했을지 모르는데, 연구 방법론에 매이다 보니 불필요하고 이해하기 힘든 작업까지 하게 되는 것입니다. 또한 축코딩을 진행하는 과정에서도 Strauss와 Corbin의 패러다임 모형이 결혼이민여성의 상황에는 잘 맞지 않는다는 것을 발견했음에도 억지로 끼워 맞추는 작업을 하게 될지도 모릅니다.

다른 예를 하나 더 들어 보겠습니다. 결혼이민여성에 관심을 갖게 된 다른 연구자가 결혼이민여성들의 한국 생활 체험에 초점을 맞추게 되었습니다. 조금 더 구체적으로 말하자면, 결혼이민여성들이 체험하는 결혼이민생활의 본질적 구조를 파악하기로 하였습니다. 아마도 이 연구자는 곧바로 현상학적 연구접근을 선택하여 적용할지도 모르겠습니다. 그러나 다른 질적 연구접근들에 대해서도 깊이 공부하게 된다면, 문화기술지나 질적 사례연구, 내러티브 탐구 방법으로도 이러한 체험의 본질적 구조에 접근할 수 있다는 것, 그리고 그러한 연구접근들도 그것을 목적으로 하는 경우가 많다는 것을 알게 될 것입니다. 물론 이러한 연구접근들 간에 초점이나 방법론의 차이가 있다는 것을 인정하더라도, 결국 본질적 구조를 파악하려는 것이 목적이라면, 굳이 기존의 연구접근 중에서 선택하기보다는 본질적 구조를 파악하기 위한 하나의 방법론을 구축하는 것이 낫지 않을까 생각해 볼 수 있습니다.

이러한 상황에서 소수의 연구자, 특히 비교적 질적 연구 수행 경험이 많은 질적 연구자들은 자신의 개별적인 연구를 수행할 때 기존의 질적 연구접근을 선택하여 적용하지 않고, 심층 면접과 같은 자료 수집 방법과 의미단위-개념-범주-주제 식으로 구체적인 수준에서 추상적인 수준으로 분석해 가는 범주화 분석 방법과 같은, 다양한 질적 연구접근들이 공통적으로 사용하는 기본적인 방법론을 사용하여 연구를 수행하는 경향도 보이고 있습니다. 또 다른 소수의 연구자들은 기존 연구접근의 새로운 지류나 완전히 새로운 연구접근을 배워서 적용하기도 합니다.

정리해 보자면, 사회복지학의 연구 주제들에 다른 학문들에서 발전시켜 온 기존의 질적 연구접근을 그대로 적용하는 것이 쉽지 않은 반면에, 이러한 기존의 연구접근들이 자료 수집 방법이나 분석 방법, 글쓰기 등 방법론의 측면에서는 상당히 많은 공통점을 가지고 있고, 또한 일부 연구에서 그러한 공통점에 기반한 기본적인 방법론을 적용하는 질적 연구들을 수행하는 경우들이 늘고 있다는 것입니다. 그렇다면 우리 사회복지학의 질적 연구자들은 먼저 기본적인 방법론을 토대로 하고, 그 위에 다양한 질적 연구접근들이 제시한 공통적인 방법과 독특한 방법들을 레퍼토리나 메뉴 형식으로 구성하여, 특정 연구 주제가 제기되었을 때 거기에 맞는 세부 연구 방법을 선택하거나 조합하여 적용하면 되지 않을까 하는 것이 제 생각입니다.

　그동안 사회복지학의 질적 연구접근과 관련하여 몇몇 연구자들이 이미 논의를 한 바가 있습니다만, 그러한 논의들은 모두 질적 연구의 '경향'을 파악하는 것으로서 그동안 진행되어 온 질적 연구 논문들을 수집하여 연구자의 분석틀에 따라 분석하고 비평하는 방식으로 이루어졌습니다. 즉, 지금까지의 연구경향을 비판하고 그 틀 안에서 대안을 제시하는 것이었습니다. 그러나 이런 정도의 대안으로는 실제로 질적 연구자들이 겪는 어려움들과 사회복지학 질적 연구의 한계를 극복하기는 어려운 것으로 보입니다. 이러한 상황에서 저는 약간은 더 근본적인 수준에서 대안을 고민해 보고, 그것을 다른 질적 연구자들과 나누려는 것입니다.

　다른 한편으로는 사회복지학이 심리학, 사회학과 같은 기초학문이나 간호학, 교육학, 상담학, 가족학 등 응용실천학문과 다른 패러다임, 관점, 시각, 접근법을 가지고 있다고 전제한다면, 연구를 할 때도 다른 접근이 필요하지 않을까 생각하게 되었습니다. 따라

서 저는 질적 연구에 대한 기본적인 이해를 토대로 하면서도 사회
복지학에 적합한 새로운 질적 연구접근을 개발하고 제안하는 데까
지 나아가려고 합니다. 이 이슈는 나중에 논의하겠습니다.

이후에 전개될 내용은 다음과 같습니다. 먼저, 사회복지학에서
질적 연구가 어떤 식으로 이루어졌고, 그 연구들이 다룬 주제들과
분석단위는 무엇이며, 거기에서 어떠한 함의를 얻을 수 있는지 살
펴보겠습니다. 이어서, 사회복지학이 주로 관심을 갖게 되는 세부
적인 연구 주제들을 구체적으로 검토해 보겠습니다. 그리고 이러
한 세부 연구 주제들을 탐구하려고 할 때, 기존의 질적 연구접근을
그대로 활용하지 않는다면 어떠한 형태의 변용이 가능할지 논의해
보겠습니다. 마지막으로, 사회복지학의 질적 연구접근을 재구성한
틀을 제시하겠습니다.

## 2. 기존의 사회복지 질적 연구

### 1) 어떻게 연구하고 있는가?

여기에서는 지금까지 한국 사회복지학에서 이루어진 질적 연구
접근들에 대해 살펴보겠습니다. 그런데 이러한 시도가 처음 이루
어지는 것은 아닙니다. 몇몇 연구자들이 한국 사회복지학의 연구
방법 동향, 그리고 그중에서도 질적 연구의 동향을 분석한 적이 있
습니다.

첫 시도는 강철희와 김미옥(2003)의 연구로서 1979년부터 2002년

까지 『한국사회복지학』에 게재된 538편의 논문을 연구 방법에 따라 분석하였고, 그 결과로 전체 논문들 중에서 질적 연구의 비율이 2% 수준에 그치고 있고, 1991년에 최초의 질적 연구 논문이 소개된 이후 1996부터 한두 편씩 명맥을 유지하는 수준에서 질적 연구 논문들이 게재되고 있음을 밝혔습니다. 또한 1991년부터 2002년까지 게재된 10편의 질적 연구 논문들을 분석한 결과, 다수인 6편의 논문이 내용 분석을 사용하였고, 그밖에 근거이론과 현상학, 포커스 그룹 방법들이 산발적으로 이루어져 왔음을 보여 주었습니다. 그러고 나서는 한국 사회복지학에서 질적 연구 방법이 어떠한 유용성을 가지고 있는지 논의하였습니다. 그리고 이 논문에서는 질적 연구 방법으로 현상학, 문화기술지, 근거이론, 담론 분석, 참여관찰법 등을 소개하면서 각 방법론의 연구질문으로 의미론적 질문, 서술적 질문, 과정 질문, 대화와 언어적 상호작용에 관한 질문, 행동적 질문 등을 제시하였습니다.

이후 김인숙(2007)은 한국 사회복지 질적 연구의 동향과 의미에 대해 검토한 바가 있습니다. 그는 2007년까지 이루어진 한국 사회복지 질적 연구의 동향을 '해석적 패러다임의 주도' '절차주의에의 경도' '"균형"과 "이해"의 외피: 주제의 빈약성' '특정 질적 연구 전통에의 편향'으로 정리하고, 그 당시를 기준으로 최근 3~4년 전부터 일어난 변화를 '지배적 지식기반 비판과 대항 담론의 형성' '탐구 패러다임의 다원화' '사회복지 현상에 대한 내러티브적 사유방식의 확산'으로 규정하였습니다. 이 논문에서 제기한 내용 중 우리가 주목해 볼 만한 내용은 한국의 사회복지 질적 연구들이 '특정 질적 연구 전통에 편향'되고 있다는 지적입니다. 구체적으로 살펴보면, 기존 논문들을 일반적 의미의 해석적 연구와 특정 전통에 근거한 연구로 구분할 때 그 양자의 비율이 유사하며, 특정 탐구 전통에 근거한 연구 중 근거이론 연구가 가장 많은 비율을 차지하고 있고, 그 외에도 현상학적 연구, 문화기술지, 사례연구 방법 등을 사용했다는 것입니다. 또한 일반적 해석적 연구의 대다수가 근거이론의 분석 방법을 활용하고 있다는 점을 밝히고, 한국 사회복지 질적 연구가 근거이론에 편향되고 있음을 비평하였습니다.

이러한 논의를 더욱 구체화한 김인숙(2011)은 한국 사회복지 질적 연구에서 근거이론의 위치를 평가하면서, 근거이론 논문들 중에서도 Strauss와 Corbin의 방식이 주류를 이루어 왔으며, 최근에 일부 연구자들에 의해 새로운 형태의 근거이론 연구들이 진행되고 있음을 제시하였습니다. 그러면서 한국의 사회복지 연구자들이 Strauss와 Corbin의 우물을 벗어나 Glaser를 포함한 다른 근거이론 연구접근들을 적극적으로 활용할 것을 제안하였습니다.

이들 연구가 전체적인 학문 지형의 차원에서 한국 사회복지 질적 연구의 한계를 지적한 반면, 구체적인 연구 절차와 방법의 수준에서 기존 연구들을 비판적으로 검토한 연구도 있습니다. 김미옥(2007)의 연구가 여기에 해당됩니다.

김미옥(2007)은 질적 연구 수행 경험을 가진 사회복지 연구자들을 대상으로 한 개별 면접과 포커스그룹 면접을 통해 연구자들의 경험에 대한 자료를 수집하고 질적으로 분석하였습니다. 그 결과 사회복지 질적 연구자들은 '앎을 위한 체계가 부족함' '충분한 준비 없이 시작함' '기본에 충실하며 진실되게 함' '연구 전 과정을 엄격하게 함' '현실적인 어려움을 겪음' '깊숙한 깨우침과 에너지를 얻

음' '함께 만들어 나가야 함' 등의 엄격성과 관련된 경험을 하는 것
으로 나타났습니다.

이와 같이 사회복지 연구자들이 검토한 내용과는 별도로 기존
의 질적 연구접근들을 유형화하려는 시도도 있었습니다. 대표적
인 것이 Creswell(2015)의 작업입니다. 그는 그동안 다양한 학문
분야에서 이루어진 질적 연구들을 검토한 결과로 다섯 가지 대표
적인 질적 연구접근을 소개하였습니다. 그것은 내러티브 탐구, 현
상학, 근거이론, 문화기술지, 사례연구입니다. 다른 학문 분야에
서 제시된 질적 연구에 관한 문헌들을 보면, 질적 연구접근을 유형
화한 결과들 간에 크고 작은 차이들이 있는 것은 사실이지만 대체
로 Creswell의 유형화에 동의할 수 있을 것입니다. 앞에서 언급한
사회복지 문헌들에서도 사회복지 질적 연구에서 이러한 다섯 가지
접근들이 주로 적용되고 있음을 밝히고 있기 때문입니다.

이러한 결과는, 실제로는 더욱 다양한 질적 연구접근들이 존재
하고, 이들 다섯 가지 접근 내에서도 상당히 다양한 하위 또는 세
부 접근들이 있기는 하지만, 대체로 학문의 경계를 넘어서서 이들
연구접근들이 공통적으로 활용하는 방법들이 있다는 사실을 말해
주는 것이기도 합니다. 그렇다면 과연 그것은 무엇일까요? 우선
각 질적 연구접근들을 하나하나 살펴보겠습니다.

먼저 내러티브 탐구는 개인의 생애과정을 탐색합니다. 대체로
이 생애과정은 출생 이후 현재 시점에 이르는 과정이며, 내러티브
탐구는 각 개인(들)의 인생을 당사자의 관점과 연구자의 관점에서
재구성하여 단계별로 구분하고, 각 단계 안에서 생애주제를 찾거
나 단계를 넘어 전 생애를 관통하는 몇 가지 생애주제를 발견하려

합니다. 또한 개인에만 초점을 두기보다는 그 개인이 살아온 삶의 현장에서 사회와 상호작용해 온 양상들을 함께 포착하려 합니다. 다시 말씀드리자면, 내러티브 탐구는 생애과정에 대한 단계별 분석, 개인과 사회 간의 관계에 대한 상호작용 분석, 그리고 당사자와 연구자의 입장에서 재구성된 것으로서 생애단계별 또는 전 생애를 관통하는 주제 분석 등을 포함합니다.

현상학적 접근은 동일한 현상을 경험한 개인들이 가지고 있는 경험의 본질적 구조를 탐구하려 합니다. 이 현상학적 접근의 내용이나 방법과 관련하여 다양한 논의가 있기는 합니다만, 이남인 (2006)의 논의가 이해를 도울 수 있다고 봅니다. 그는 과학적 연구 방법으로서 현상학적 연구 방법이 '사실-구조적 현상학'과 '현상학적 심리학' '초월론적 현상학'의 세 가지 유형으로 구분될 수 있다고 주장하였습니다. 다시 말하자면, 감각 기관을 통해 인식할 수 있는 사실로서 '현상'의 구조를 분석하는 방법과 특정 현상을 '경험'한 심리(마음)의 구조를 분석하는 방법, 그리고 현상과 경험을 넘어, 사물 자체를 있는 그대로 보려는(아마도 '본질'적 구조) 방법으로 나눌 수 있으며, 이 모든 것이 현상학적 연구 방법의 우산에 포함될 수 있다는 것입니다.

이해를 돕기 위해서 김경희 · 김기덕 · 박지영(2011)의 논의를 참고해 보겠습니다. 이 연구에서 제시한 다음 그림을 보면, 인식 주체는 자신의 '감각'을 통해 인식 대상인 '사물, 현상, 경험'을 '경험' 하게 되는데, 이러한 인식의 속성이 '주관성'이며, 그 내용은 '이해' 가 됩니다. 그리고 인식의 결과로서 지식 또는 발견물이 '본질'이라는 것입니다. 이남인(2006)과 김경희 외(2011)의 논의가 완전히 일치하지는 않는다고 하더라도 대체로 질적 연구 방법이 '현상' '경험' '본질'의 탐구를 지향하는 것이라고 봐도 무리는 없을 것이며, 현상학적 연구 방법도 크게 다르지는 않은 것으로 보입니다.

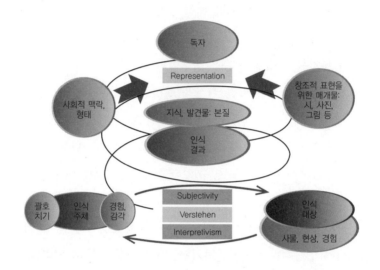

[그림 1-1] 인식 주체의 인식 대상에 대한 탐구를 통한 인식 결과물의 생성 과정

다음은 사회복지학에서 가장 빈번하게 활용되고 있는 근거이론 접근입니다. 실제로는 근거이론 접근 내에도 다양성이 존재하지만, 이 중에서도 가장 많이 활용되고 있는 Strauss와 Corbin의 접근을 살펴보겠습니다. 이 연구접근은 개방코딩, 축코딩, 선택코딩이라고 부르는 일련의 분석 과정을 거쳐 특정 현상에 대한 이론을 개발하려고 합니다. 이 과정에서 다양한 분석 방법들을 활용하는데, 다른 질적 연구접근에서도 많이 활용되고 있는 개방코딩(의미단위-하위 범주-범주 순으로 현상을 분류하고 통합하는 범주화 과정)과 중심 현상을 축으로 인과조건, 맥락조건, 중재조건, 작용/상호작용 전략,

결과로 구성된 패러다임 모형을 구축하는 축코딩, 핵심 범주 발견
과 과정 분석, 가설적 정형화, 유형 분석 등으로 이루어지는 선택코
딩 등입니다. 이러한 분석 과정들을 단순하게 펼쳐 놓으면, 의미단
위 수준에서 현상을 분류하는 범주화 분석, 시간성(인과관계를 가정
하게 하는)과 공간성(중심현상과 다른 범주들에 영향을 미치는 상황으로
서 맥락조건과 중재조건)을 통합하는 모형 분석, 현상의 단계를 구분
하고 연결하는 과정 분석, 해당 현상을 경험한 사람들을 몇 가지 양
상으로 구분하는 유형 분석 등으로 분류할 수 있을 것입니다.

문화기술지는 인류학의 발전 과정을 따르면서 분석 방법에서도
다양성을 보이고 있습니다. 전통적인 총체적 문화기술지에서는 주
로 현장 조사 형태로 이루어지는 참여관찰을 통해 감각으로 인식
되는 현상으로서 문화집단의 의식주, 가족 구조와 기능, 정치 · 경
제 · 사회제도의 양상(패턴)을 파악하고 상세하게 기술하는 방법을
사용하며, 신문화기술지(인지인류학)에서는 심층 면접과 참여관찰
을 통해 수집한 자료들을 대조하고 비교하는 방법을 통해 문화의
인지 구조를 파악하려는 방법을 사용하고, 최근에는 비판이론이나
문화이론의 틀을 적용하여 비판적인 분석을 시도하기도 합니다.
따라서 문화기술지에서는 현상과 경험을 분류하고 기술하는 범주
화 분석과 경험의 구조를 이해하려는 주제 분석을 활용하고 있음
을 알 수 있습니다.

마지막으로, 사례연구는 이 연구접근과 관련된 문헌들을 정리해
보았을 때, 탐색적 연구와 기술적 연구, 설명적 연구가 모두 가능
하고 실행되고 있는 것으로 보입니다. 따라서 낯선 현상에 대한 탐
색의 결과로 나온 범주들과 그에 대한 상세한 기술로 이루어지는

범주화 분석, 변수나 요인, 조건들 간의 관계에 대해 기술하는 상호작용 분석, 인과관계를 발견하고 제시하는 모형 분석 등으로 구분할 수 있을 것입니다. 또한 다른 질적 연구접근과 구별되는 것으로서 이 연구접근의 특성을 '경계를 가진 체계, 다양한 자료 출처 활용, 이슈 중심의 분석' 등으로 볼 때, 사례연구접근도 공간성을 반영한 구조 분석과 연구참여자들의 경험에서 공통적으로 나타나는 이슈를 발견하려는 주제 분석을 수행하고 있음을 알게 됩니다.

지금까지 제시된 내용들을 검토하여 볼 때, 구체적인 연구접근의 초점과 전통에 따라 차이가 있는 것은 사실이지만, 상당히 많은 공통점들도 있다는 점을 발견하게 됩니다. 연구접근 간의 차이를 일단 접어 두고 공통적으로 나타나는 분석 방법들을 중심으로 펼쳐 놓으면, 우리가 그동안 활용해 온 질적 연구접근들을 공간적 범주화 분석과 시간적 단계 분석, 이 두 가지를 통합한 구조-모형 분석, 주제 분석 등으로 구분할 수 있으며, 인식 수준에 따라 사물 분석과 의미 분석, 본질 분석으로 분류할 수도 있을 것입니다. 다시 말하자면, 공간적 범주화를 시도하면서 그것을 사물 수준, 의미 수준, 본질 수준으로 분석할 수도 있고, 주제 분석을 하면서 그것을 사물 수준, 의미 수준, 본질 수준으로 할 수도 있다는 것입니다. 사물과 의미, 본질이라는 것이 무엇을 '의미'하는지에 대해서는 뒤에서 다시 논의하겠습니다.

## 2) 무엇을 연구하고 있는가?

이 시점에서 우리가 그동안 무엇을 연구해 왔고, 연구하고 있는지 살펴볼 필요가 있다고 생각합니다. 이를 위해서 최근 수년간 사회복지학에서 수행된 질적 연구들을 수집하여 그 연구들의 주제를 분류해 볼 수도 있겠습니다만, 여기에서는 제가 그동안 수행해 온 연구의 주제들을 분류하는 작업을 해 보겠습니다. 저는 지난 15년간 질적 연구를 공부하고 수행하며 가르쳐 왔습니다. 그리고 그 과정에서 앞에서 언급된 내러티브 탐구, 현상학, 근거이론, 문화기술지, 사례연구 방법들을 모두 적용해 봤습니다. 몇 편의 논문들을 살펴보면서 각 연구에서 제가 무엇을 연구해 왔는지 검토해 보겠습니다.

첫째, 성전환여성(MTF)의 생애사 연구와 성인입양인의 생애사 연구입니다. 전자의 경우, 먼저 각 연구참여자들의 생애를 중요한 사건들을 중심으로 구분하고 생애곡선을 통해 인생의 굴곡을 표현한 뒤 그에 대해 상세하게 기술하였으며, 사례 간 분석을 통해 사례들에 공통적으로 나타나는 주제들을 발견하고 각 주제들을 기술하면서 사례들의 다양성을 보여 주었습니다. 후자의 경우, 한 명의 성인입양인만을 대상으로 네 가지 방식으로 분석하였는데, 첫째, 주요 사건들을 중심으로 생애단계를 요약 기술하고, 둘째, 연구참여자의 인생을 전환점을 기준으로 세 단계로 나누어 상세하게 기술하였으며, 셋째, 성인입양인의 인생에서 나타나는 주제들을 기술하고, 마지막으로, 개입 이슈들을 기술하였습니다. 두 연구에서 저는 단계 분석과 주제 분석, 그리고 그 분석 결과에 따른 상세한 기술을 하였습니다.

둘째, 사회복지 전담 공무원의 일 경험에 대한 현상학적 연구입니다. 이 연구에서는 심층 면접을 통해 수집한 자료들을 가지고 의미단위-하위 범주-범주로 이어지는 범주화 분석을 한 뒤에, 연구 참여자들의 일 경험을 관통하는 주제들을 찾기 위한 주제 분석을 하였고, 그 결과를 주제-범주-하위 범주의 순으로 기술하였습니다.

셋째, 초임 사회복지사의 직업 경험에 대한 근거이론 연구와 연장입양가족의 적응 과정에 대한 근거이론 연구입니다. 전자의 연구는 개방코딩, 축코딩, 선택코딩의 순으로 분석을 하였으며, 구체적으로 쪼개 보면, 의미단위-하위 범주-범주로 이어지는 범주화 분석, 인과조건-맥락조건-중심현상-중재조건-전략-결과로 구성된 구조-모형 분석, 직업 경험의 패턴에 따라 집단을 분류하고 범주들을 연결하는 유형 분석, 패러다임 모형을 시간 순서에 따라 재구성한 과정 분석으로 이루어졌습니다. 후자의 연구에서도 범주화 분석을 먼저 하였으나 Strauss와 Corbin의 틀을 벗어나 귀납적으로 새로운 모형을 만들기 위한 구조-모형 분석을 시도하였습니다. 두 연구를 정리하면, 근거이론 연구들에서는 범주화 분석, 구조-모형 분석, 유형 분석, 단계 분석 등을 수행한 것입니다.

넷째, 쪽방 거주자들의 일상생활에 대한 문화기술지 연구와 아동양육시설 퇴소 청소년들의 일상생활에 대한 문화기술지 연구, 해외 한국아동 입양공동체에 대한 문화기술지 연구입니다. 첫 번째 연구에서는 연구참여자들의 생활 현장을 공간-구조로 분석하고, 주체, 공간, 시간, 생활 방식의 네 가지 차원으로 쪽방 거주자들의 일상생활을 분류하고 기술하였습니다. 두 번째 연구에서는 연구참여자들의 일상생활을 생활 영역별로 분류하는 범주화 분석과 주제 분석을 실시하고 그 결과를 상세하게 기술하였습니다. 세

번째 연구에서는 해외의 한국아동 입양가족들로 구성된 입양공동
체의 경험을 역사적, 환경적인 배경, 공동체의 역사, 구조, 활동,
입양가족들의 공통적인 경험 등으로 분류하고 기술하는 범주화 분
석과 주제 분석을 수행하였습니다.

다섯째, 입양 실무자들이 경험한 입양 실무의 의미에 대한 질적
사례연구, 입양됨의 의미에 대한 질적 사례연구, 사회복지 조직 관
리자들의 갈등 관리 전략에 대한 질적 사례연구, 입양가족의 뿌리
찾기 경험에 대한 질적 사례연구 등이 있습니다. 이 연구들 사이에
서는 조금씩 차이가 있기는 하지만, 대체로 의미단위-하위 범주-
범주로 이어지는 범주화 분석을 한 뒤에, 전체 연구참여자들에게
공통적으로 나타나는 이슈와 주제들을 발견하려는 주제 분석을 하
고 그 결과를 상세하게 기술하였습니다.

제 생각에는 다른 질적 연구자들의 연구도 이 범위에서 크게 벗
어나지는 않을 듯합니다. 앞에서 살펴본 내용들을 정리해 보면, 제
가 질적 연구를 진행하면서 수행한 분석 방법들도 의미단위-하위
범주-범주로 이어지는 범주화 분석, 인생 과정을 단계로 구분하고
기술하는 단계 분석, 중심현상을 축으로 요인과 조건들을 연결하
는 구조-모형 분석, 범주화 결과를 넘어서 모든 사례에 공통적으로
나타나는 이슈나 주제를 찾고자 하는 주제 분석 등으로 이루어졌
습니다. 또한 전체적인 분석 방법들을 보면, 시간 차원으로 분석하
는 방법과 공간 차원으로 분석하는 방법, 그리고 시간과 공간을 통
합적으로 분석하는 방법으로도 나눌 수 있음을 알게 되었습니다.

## 3. 주요 용어에 대한 재정의

김경희 외(2011)의 연구와 권지성(2013)의 연구에서는 인식 대상을 사물, 현상, 경험, 본질, 맥락 등으로 구분하였습니다. 그런데 저는 이러한 틀을 재구성해 볼 필요가 있다고 생각하였습니다. 먼저 사물과 현상, 경험, 본질의 의미가 무엇인지, 그리고 그것들이 서로 어떻게 다른지를 구별할 필요가 있습니다. 그러한 차원에서 개념들의 사전 정의를 살펴보면 다음과 같습니다(국립국어원, 2013).

사물(事物). 1. 일과 물건을 아울러 이르는 말. 2. 물질세계에 있는 모든 구체적이며 개별적인 존재를 통틀어 이르는 말.

현상(現象). 1. 인간이 지각할 수 있는, 사물의 모양과 상태. 2. 『철학』 본질이나 객체의 외면에 나타나는 상.

경험(經驗). 명사. 1. 자신이 실제로 해 보거나 겪어 봄. 또는 거기서 얻은 지식이나 기능. 2. 『철학』 객관적 대상에 대한 감각이나 지각 작용에 의하여 깨닫게 되는 내용.

본질(本質). 1. 본디부터 가지고 있는 사물 자체의 성질이나 모습. 2. 사물이나 현상을 성립시키는 근본적인 성질. 3. 『철학』 실존(實存)에 상대되는 말로, 어떤 존재에 관해 '그 무엇'이라고 정의될 수 있는 성질. 4. 『철학』 후설(Husserl, E.)의 현상학에서, 사물의 시공적(時空的)·특수적·우연적인 존재의 근저에 있으면서 사물을 그 사물답게 만드는 초시공적·보편적·필연적인 것. 본질 직관으로 이것을 포착할 수 있다고 한다.

  물론 개별 학문에서 사용하는 개념의 정의는 다를 수 있겠지만, 이러한 정의들을 받아들일 수 있다고 가정하고, 이들의 관계를 정리하면 다음과 같습니다. 물질세계에 있는 구체적이며 개별적인 존재로서 일과 물건을 '사물'이라고 합니다. 인간이 사물을 지각하는 모양이나 상태를 '현상'이라고 합니다. '경험'은 인식 주체가 실제로 겪음으로써 얻는 것 또는 감각이나 지각으로 깨닫게 되는 것입니다. '본질'은 본디부터 가지고 있는 사물 자체의 성질이나 모습 또는 사물이나 현상을 성립시키는 근본적인 성질입니다.

  이러한 정의들을 가지고 그 관계들을 생각해 보면, 우리가 연구하는 것은 결국 인식 주체로서 연구참여자가 사물의 특정 측면을 지각한 '현상'과 그 현상을 경험한 결과물로서 깨닫게 된 '마음'의 일부분임을 알게 됩니다. 그런데 따지고 보면 연구참여자의 마음도 어떤 의미에서는 '사물'이라고 부를 수 있을 것입니다. 마음은 뇌라는 물질 속에 존재하는 어떤 것이기 때문입니다. 그리고 인식 주체가 경험한 사물이나 현상을 성립시키는 어떤 근본적인 성질을 탐구하고자 한다면 그것이 바로 '본질'일 것입니다. 이러한 개념들의 관계를 정리한 것이 [그림 1-2]입니다. [그림 1-2]에서 왼쪽의 타원 구조는 인식 대상이며 오른쪽의 네모 구조는 인식 주체입니다. 인식 대상은 인식 주체가 감각으로 지각할 수 있는 '사물'과 사물을 성립시키는 근본적인 성질로서 '본질'로 이루어진다고 보았습니다. 그리고 개별 인식 주체는 사물 전체를 인식한다기보다는 자신의 경험 세계 내에서만 사물을 인식할 수 있으므로, 사물의 일부분인 '경험된 사물'을 따로 구분하였습니다.

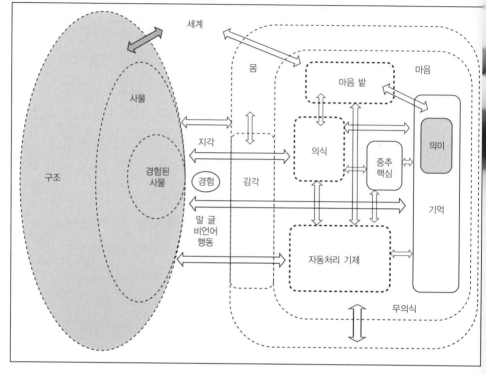

**[그림 1-2] 현상과 본질의 맥락-구조**

　　오른쪽의 인식 주체는 크게 몸과 마음으로 구성됩니다. '감각'은 몸의 일부로서 마음과 사물을 연결해 줍니다. '마음'은 의식과 자동처리 기제, 기억, 마음 밭, 중추핵심, 무의식 등으로 구성된다고 보았습니다. '의식'은 우리가 흔히 생각한다고 표현할 때 마음속에 떠오르는 것과 그것의 작동 기제라 할 수 있습니다. '자동처리 기제'는 우리가 생각할 필요도 없이 자동으로 말과 글과 비언어적 행동으로 표현되는 기제입니다. 즉, 일상생활에서 습관적으로 하게 되는 말과 행동 등을 표현하도록 하는 기제인 것입니다. 의식과 자동처리 기제를 통해 표현되는 마음은 모두 인식 대상의 마음 안에 '기억'되어 있는 것들일 것입니다. 그리고 기억의 일부는 '마음 밭'이라는 다른 형태로 존재한다고 가정하였습니다. 여기에는 개별 인간의 신념이나 가치체계의 바탕이 되는 이데올로기, 종교, 문화 등이 포함되어 있습니다. 인지도식이나 프레임이라고 부르는 것들도 여기에 포함될 수 있을 것입니다. 이 '마음 밭'은 인간이 출생 이후 환경의 영향을 받아 조금씩 변형되며 성장해 가는 것이라고 생각되어 이런 이름을 붙였습니다. 예를 들어, 동일한 현상을 보면서도 사람마다 다르게 생각하고 표현하는 것이 이러한 '마음 밭'의 작용으로 인한 것이라고 생각할 수 있습니다. 마음의 가운데에 있는 '중추핵심'은 마음의 중심에서 인간을 이끌어가는 어떤 기제라고 생각됩니다. 몸의 신경계에 빗댄다면 중추신경이라고 말할 수 있는 것이고, 컴퓨터에 빗댄다면 윈도우즈와 같은 시스템 소프트웨어에 해당할 것입니다. 다만 이것은 제 상상 속에만 존재하는 실체입니다. 아직 뇌신경과학 분야에서 마음의 작동 기제를 확실히 규명하지 못하였으므로, 이러한 기제가 있을 것이라고 가정해 보는 것입니다. 어쩌면 이것은 인간의 기억을 관장하는 '해마'나 감정과 관련되어 있는 '편도체'의 기능일지도 모르겠습니다. 최근 발표된 연구에 의하면, 인간의 기억은 시냅스에 있을 가능성이 높다고 합니다.

여하간 제 생각에는 이러한 마음의 구조에서 의식과 자동처리 기제로 표현되는 것들이 연구자들이 탐구하는 마음의 '현상'일 것으로 가정되며, 마음 밭과 같이 어딘가에 존재하지만 겉으로 드러나지 않는 구조가 '본질'일 것입니다. 그리고 우리가 인터뷰를 통해 어떤 일을 경험한 사람들의 이야기를 들을 때, 우리가 처음 알게 되는 것은 연구참여자의 기억 속에 있으면서 마음 밭과 중추핵심의 영향을 받아 재구성되어 있다가 표현되는 '경험된 사물(이것을 현상이라고 부를 수도 있을 것입니다.)'과 의식과 자동처리 기제로 표현되는 마음의 일부이며 현상이 된 '마음의 조각'들일 것입니다.

그런데 이 그림에 표현되어 있지는 않지만 우리가 염두에 두어야 할 중요한 다른 차원이 있습니다. 바로 '맥락'입니다. [그림 1-2]에서는 전체적인 구조를 보여 주기 위해 일정한 경계로 묶어 버렸지만, 사실 각 하위 구조들은 그 안에 또 다른 많은 하위 구조들을 가지고 있을 것입니다. 즉, 경험된 사물도 여러 가지 사물들로 구성되어 있을 것이며, 의식도 많은 조각들로 구성되어 있을 것입니다. 그리고 그러한 하위 구성 요소들과 조각들은 서로 연결되어 있을 것이라고 가정할 수 있습니다. 저는 이것을 '맥락'으로 이해하고 있습니다. 맥락(脈絡)은 '사물 따위가 서로 이어져 있는 관계나 연관'이기 때문입니다. 흔히 맥락을 특정한 사물의 배경이나 상황으로 이해하는 것 같지만, 이 개념의 정의는 '관계'에 초점이 맞추어져 있습니다. 그런 의미에서 인식 대상인 사물과 인식 주체의 마음은 서로 연결되어 있을 뿐만 아니라, 그 안의 하위 요소들도 서로 연결되어 있다는 것입니다.

이러한 구조와 개념들에 대한 이해를 돕기 위해 다른 연구자의 논문에 제시된 연구 결과를 예로 들어 설명하면 다음과 같습니다. 한국사회복지학회지 최근 호에 게재된 임해영과 이혁구(2013)의 연구에서는 미혼모의 입양 결정 과정을 해석학적 근거이론 방법으로 접근하여 분석하였습니다. 이 연구의 한 조각을 떼어 놓은 것이 〈표 1-1〉입니다. 이 표에서 보면 '경험된 사물'과 '마음'의 현상들이 혼재되어 있고, 분리되어 있음을 알 수 있습니다. 즉, 임신 사실을 알게 된 것과 입덧인지도 모르고 지나쳐 버린 것(경험된 사물)이, 꿈에도 생각 못 하고 몸이 아픈 걸로만 생각한 것(마음)과 특별히 구분되지 않고 섞여 있으며 서로 연결되지 않고 있는 것입니다.

그리고 의미단위의 대부분이 마음속에서 벌어진 일임을 발견하게 됩니다. 짐작이나 현실 인식, 불안감, 눈치를 챔, 알아챔 등이 모두 마음의 작용이라고 할 수 있습니다. 그런데 실제로 미혼모의 입양 결정 과정에서 이 초기 과정의 인식은 '경험된 사물'과 '의식된 마음'으로 구성되며 일련의 연쇄 과정으로 나타나는 것으로 가정할 수 있을 것입니다. 즉, 성관계를 가지고(사물) 불안하기는 했지만(마음) 임신했으리라고는 생각을 하지 않다가(마음) 어느 날 임신 사실을 알게 되고(사물) 충격과 불안과 두려움에 빠지게 되는 것(마음)입니다.

〈표 1-1〉 분석 사례: 미혼모의 입양 결정 과정 연구 분석 결과

| 의미단위 | 하위 범주 | 해석학적 범주 |
|---|---|---|
| 임신이라니 꿈에도 생각 못 함. 18주가 돼서야 비로소 임신을 알게 됨. 배가 나오기 시작하면서 자각하게 된 임신. 입덧인지도 모르고 그냥 지나쳐 버림. 입덧 생각은 못하고 몸이 아픈 것으로만 생각함. | 뜻밖의 사건 | 임신 인지 |
| 임신일지도 모른다는 어렴풋한 짐작. 임신할 수도 있다는 현실 인식이 부족함. 피임을 하지 않은 불안감이 임신 사실로 드러남. | 설마가 현실로 | |
| 임신 초기에 바로 눈치 챔. 성관계를 시작한지 얼마 안 돼 임신을 바로 알아챔. | 초기에 알아차림 | |

이 시점에서 제가 제안하고자 하는 것이 바로 이러한 구조를 있는 그대로 드러내는 전략을 만들어 가자는 것입니다. 앞서 제시한 개념들을 사용하자면, 경험된 사물들과 의식된 마음의 조각들, 그리고 그것들이 서로 연결된 맥락-패턴을 발견한 그대로 드러내어 보여 주자는 것입니다. 이러한 목적을 달성하기 위해 제가 고안하고 제안하고자 하는 전략이 '맥락-패턴 분석'이며, 그것을 다르게 '은밀한 맥락을 찾아서'로 표현한 것입니다. '은밀(隱密)하다'는 것은 '숨어 있어서 겉으로 드러나지 아니하다'는 뜻이며 한자를 고려하면 '숨어 있으면서 빽빽한' 어떤 것입니다. 이러한 전략은 Glaser와 Strauss가 개발한 근거이론 접근과 맥을 같이합니다. 이들이 현실에 근거한 실체 수준의 이론을 개발하기 위한 전략을 고안한 것처럼, 일상생활에서 잘 보이지 않지만 어딘가에 빽빽하게 존재하며 관계를 맺고 있는 사물과 마음의 맥락-패턴을 발견하기 위한 전략을 고안하자는 것입니다.

권지성(2012)의 분석틀이 이러한 아이디어를 제공한 것이라면, 권지성(2013)과 장혜진 외(2013)의 연구는 이러한 아이디어를 기초적인 수준에서 발전시키고 실행한 것입니다. [그림 1-3]은 장혜진 외(2013)의 맥락-구조 분석 결과로 제시된 저소득층의 탈수급 맥락입니다. 이 그림에서 저소득층의 탈수급 맥락은 동심원 구조의 왼쪽 부분인 현상과 오른쪽 부분인 경험으로 구성되며, 이들은 서로 연결되어 있습니다. 또한 동심원의 가운데에 있는 결정적 요인과 그것을 둘러싼 직접 요인, 그리고 가장 바깥쪽의 간접 요인으로 구성된 다층 구조를 보여 주고 있습니다. 이처럼 저소득층이 수급에서 벗어나게 된 맥락-구조는 다차원적이고 복합적이라는 것이

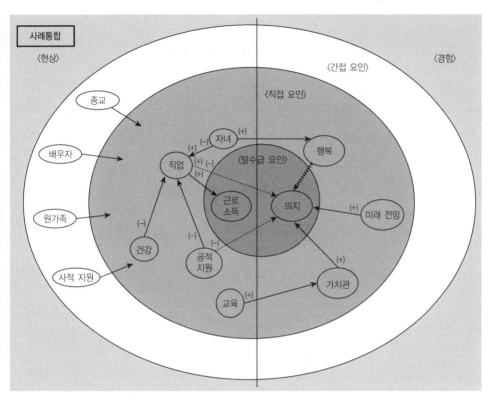

[그림 1-3] 저소득층의 탈수급 맥락

며, 맥락-구조 분석을 통해 이를 구체적으로 제시할 수 있습니다.

또한 저는 사회복지사가 경험한 이직의 맥락과 패턴을 연구하였는데(권지성 외, 2013), 그 연구에서 적용한 맥락-패턴 분석 결과를 소개하고자 합니다. [그림 1-4]에서는 사회복지사의 이직과 관련된 사물과 마음들이 하나의 구조를 이루면서 서로 연결되어 있습니다. 이러한 사물과 마음의 하위 요소들이 가지고 있는 은밀한 맥락을 찾아내어 보여 주자는 것입니다.

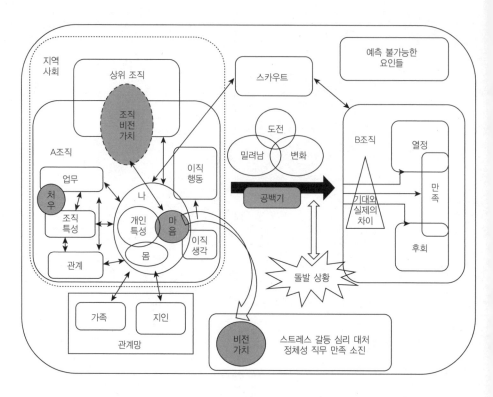

[그림 1-4] 통합된 이직의 맥락-패턴

　다음 절로 넘어가기 전에 한 가지 짚고 가야 할 것이 있습니다. 저는 앞에서 연구참여자의 인식 구조를 (경험된) 사물과 (기억된) 마음, 그리고 그것들이 서로 연결된 맥락과 그 바탕이 되는 본질의 네 가지 요소로 나누었습니다. 그런데 이렇게 이름을 붙여 놓으면 의미가 잘 통하지 않거나 다시 헷갈리게 만들 수도 있을 것입니다. 있는 그대로의 일이나 물건은 '사물'이지만 그것을 사람이 경험하고 인식하게 되면 '현상'이 됩니다. 따라서 인식 대상을 현상이라고 부르는 것이 더 맞을지도 모르겠습니다. 그런데 우리가 질적 연구를 할 때 탐색하게 되는 사람의 마음도 인식의 대상이 된다는 점에서 현상이라고 할 수 있습니다. 또한 인간의 마음은 사물 또는 현상에 대한 '기억'과 그것을 자신의 관점에서 해석한 '의미'를 포괄할 수 있을 것입니다. 이러한 복잡성과 모호함 때문에 우리는 이해와 소통에 어려움을 겪습니다. 그래서 저는 질적 연구라는 제한된 범위에서나마 구분을 명확하게 하기 위해 객관으로 존재하는 사물과 현상에 대한 기억을 '사물'이라고 부르고, 그 사물에 대한 연구참여자의 해석, 재구성, 편집, 명명, 의미 부여 등을 포괄하여 '의미'라고 부르기로 하였습니다. 사물과 의미, 맥락과 본질. 그것들이 지금의 결론이며, 제 방법론의 핵심 요소들입니다.


## 4. 사회복지 질적 연구접근의 재구성

여기에서는 3절의 논의를 바탕으로 사회복지 질적 연구접근의 틀을 재구성해 보겠습니다. 그런데 연구 방법에 대한 논의에 앞서 과학철학의 입장에서 우리가 탐구하고자 하는 것들을 살펴볼 필요가 있겠습니다. 따라서 4절은, 첫째, 질적 연구의 탐구 영역, 둘째, 사회복지 질적 연구접근의 분석틀로 구성하였습니다.


### 1) 질적 연구의 탐구 영역

이해를 돕기 위해 예를 들어보겠습니다. 다음은 빈곤과 관련된 진술들입니다.

1. A는 최근에 '수급자격'을 잃었다. (사물)
2. A는 '마지막 동아줄을 놓친' 심정이 들었다. (의미)
3. A를 포함한 기존 수급자들의 경험을 통합한 결과, 수급자격 상실은 '외줄을 타다 가 맨몸으로 추락함'인 것으로 나타났다. (본질)

이 진술들을 중심으로 사회복지 연구자들이 사회복지학의 연구 주제들을 질적으로 탐구하는 방법들을 살펴보겠습니다. 여기에서 는 수준과 차원, 관점이라는 세 가지 기준으로 분류하고 기술하려 고 합니다.

### (1) 수준

여기에서 말하는 수준이란 '인식의 수준'을 말합니다. 제 생각에 는 그동안 질적 연구에서 다루어진 인식 수준을 사물, 의미, 본질 로 구분할 수 있을 듯합니다.

첫 번째 수준은 '사물'입니다. 이것은 인식 주체인 연구참여자가 감각 기관을 통해 인식한 인식 대상으로서 말과 행동, 인공물, 또 는 일화들입니다. 또한 이것은 육하원칙, 즉 '누가, 언제, 어디서, 무엇을, 왜, 어떻게'의 형식으로 표현될 수 있는 것입니다. 예를 들 면 이런 것입니다. '가난한 어떤 사람이 생계급여를 받았다. 소득 이 있는 일을 시작하면서 수급자격을 잃게 되었다. 부모가 자녀를 신체적으로 학대했다. 입양부모가 입양아동에게 입양 사실을 말해 주었다. 저소득가정의 청소년이 아버지와 심하게 다툰 후 가출했 다.' 이러한 것들을 객관적 사실이나 상태 등으로 부를 수도 있겠 습니다만 질적 연구의 세계에서 '객관'이라는 표현을 쓰는 것은 적절하지 않을 것입니다.

　두 번째 수준은 '의미'입니다. 이것은 인식 주체인 연구참여자가 자신이 인식한 현상에 마음으로 반응하는 것이라고 할 수 있겠습니다. 심리학적으로 말하자면, 인지나 정서 반응이라고 부를 수 있을 것입니다. 앞의 예를 적용해 보겠습니다. 수급자격을 잃은 가난한 사람은 그 일을 '벼랑 끝에 매달려 붙잡고 있던 동아줄이 끊긴' 것으로 경험할 수 있습니다. 오랫동안 아버지로부터 학대를 당해 온 아동은 '아버지의 화풀이 대상'이 된 것으로 경험할 수 있습니다. 어느 날 문득 입양 사실을 알게 된 입양아동은 '청천벽력을 맞은' 듯한 경험을 할 수 있을 것입니다. 이러한 경험은 마음의 반응이기도 하지만 몸으로 겪는 것이기도 하니 '체험'으로 표현할 수도 있겠습니다.

　세 번째 수준은 '본질'입니다. 이것은 인식 주체의 경험(사물과 의미)에 영향을 미치는 원초적이고 근본적인 구조라고 생각됩니다. 감각 기관을 통해 인식한 현상에 대해 인식 주체의 마음이 반응한 것이 의미라고 했습니다. 그런데 특정한 현상을 인식한 사람들은 같은 경험을 하기도 하지만, 그렇다고 해서 모두 같은 경험을 하는 것은 아니며, 그것을 모두 같은 형식으로 표출하는 것도 아닙니다. 따라서 이처럼 동일한 현상을 인식한 사람들의 경험 중에서 서로 다른 경험들을 배제하고 유사한 경험들을 모아서 정리해 보면, 그러한 동일한 경험을 하게 만든 무언가를 발견할 수도 있을 것입니다. 그리고 그것은 아마도 인식 주체인 연구참여자들이 생애과정에서 다양한 현상을 경험해 오면서 구성된 인식 구조일 것입니다. 저는 이것이 바로 '본질'이 아닐까 생각합니다. 수급자격을 잃게 된 사람들의 공통적인 경험을 유발하는 것, 입양된 아동이 입양 사실을 알게 되었을 때 청천벽력을 맞은 듯한 경험을 하게 만드는 것, 학대아동으로 하여금 자신이 아버지의 화풀이 대상이 되어 왔음을 경험하게 한 것, 그것은 인식 주체인 연구참여자 스스로도 알지 못하지만 마음의 어딘가에 자리를 잡고 인식 과정에 영향을 미치는 본질적인 무언가일 것입니다.

　이 정도면 인식의 대상이 모두 포함되고 정리된 것 같습니다. 그러나 조금 더 들여다보면 무언가 빠져 있음을 알게 됩니다. 먼저 사물 수준에서는 수급자격을 잃은 뒤 그동안 제공되던 모든 급여와 서비스가 중단되고, 이 때문에 최저생계 미만의 소득 수준으로 떨어지게 되며, 의식주를 포함한 생활 수준이 낮아지고, 영양 공급이 제대로 되지 않아 건강 상태가 나빠지며, 이로 인해 더 일을 하기 어려워지고, 생활 수준이 더 나빠지는 연쇄 작용이 일어납니다. 그리고 앞서 언급한 모든 현상들은 단순히 일렬로 연결된 것이 아니라 서로서로 복잡하게 연결되어 있다고 할 수 있습니다. 의미 수준도 마찬가지입니다. 학대를 당한 아동은 자신이 아버지의 화풀이 대상이 되어 왔음을 경험할 뿐만 아니라, 그 때문에 자신의 가치를 낮게 평가하고(자아존중감), 자기 스스로 문제를 해결하지 못한다는 생각(자기효능감, 무력감)을 갖게 되어 수동적이고 소극적인 태도를 보이게 될 수 있습니다. 이러한 의미들도 따지고 보면 모두 서로 엮여 있다고 할 수 있습니다. 그리고 사물들과 의미들도 모두 이어져 있음을 알게 됩니다. 기존의 질적 연구들이 사물과 의미 수준에서 다양한 범주들을 구분하여 기술하고 있기는 하지만, 이러한 범주들 간의 관계를 설명하는 것은 근거이론 접근의 축코딩 결과로 제시되는 패러다임 모형 정도라고 생각됩니다.

앞서 소개한 바와 같이, 저는 이것을 '맥락'이라고 부르겠습니다. 국어사전에서 맥락은 '사물 따위가 서로 이어져 있는 관계나 연관'의 의미를 가지고 있습니다(표준국어대사전). 사물과 의미들이 일정한 관계를 맺고 서로 이어져 있다고 가정할 때 이러한 표현이 적절할 것입니다. 또한 이러한 맥락이 감각 기관을 통해 쉽게 인식되지 않고, 주의 깊게 들여다보지 않으면 알아차릴 수 없도록 숨겨져 있으며, 개별 현상과 경험들이 매우 촘촘하게 연결되어 있음을 고려하여 '은밀(隱密)한 맥락'이라고 표현하겠습니다. 한 가지를 더 덧붙이자면, 과거부터 현재까지 인식 주체의 인식 과정에 영향을 미치는 맥락 구조(예를 들어, 가족, 친족체계, 친구와 같이 의미 있는 타자들로 구성된 비공식 체계와 사회서비스 체계를 포함하는 공식 체계들로 구성된)도 앞에서 언급한 은밀한 맥락에 포함될 수 있을 것입니다.

이제 다시 정리해 보면, 인식 주체가 인식하는 인식 대상은 사물, 의미, 맥락, 본질의 네 가지 수준으로 나눌 수 있을 것입니다. 그리고 저는 그동안 우리가 사물과 의미, 본질의 수준에서 과학적 지식을 얻기 위해 질적 연구를 수행해 왔으며, 앞으로는 맥락 수준을 추가해야 한다고 주장하고자 합니다.

### (2) 차원

질적 연구는 시간 차원과 공간 차원에서 이루어질 수 있다고 봅니다. 이것을 종단 연구와 횡단 연구로 표현할 수도 있을 것입니다. 즉, 일정한 시간의 경계를 정해 두고 시간의 흐름에 따른 변화

를 살펴보는 방법과 현재 시점에서 연구참여자(들)의 생활 영역과
경험을 탐구하는 방법입니다.

먼저, 시간 또는 종단 차원에 대해 구체적으로 생각해 보겠습니
다. 우리가 그동안 질적 연구에서 시간 차원을 적용해 온 방식은
크게 두 가지라고 생각됩니다. 하나는 주로 내러티브 접근에서 생
애과정을 탐구하는 것이고, 다른 하나는 특정 시점에서 발생한 생
애사건을 기점으로 하여 그 이후의 적응 과정을 탐구하는 것입니
다. 앞서 살펴본 성인입양인의 생애사 연구가 전자의 예가 되고,
아동기 성폭행을 경험한 성인여성의 적응 과정이나 결혼이민여성
의 한국 생활 적응 과정을 탐구하는 것이 후자의 전형적인 예가 될
것입니다. 두 가지 방식 모두 전체 과정을 단계별로 구분하고, 각
단계 안에서 중요한 이슈들을 발견하려 하거나 단계들을 넘어서
일관되게 나타나는 패턴을 파악하려 할 수 있습니다. 그리고 생애
과정에서 지금의 경험과 과거의 사물에 대한 기억은 과거에 경험
한 그대로 발현되는 것이 아니라, 현재 시점에서 인식 주체의 입장
에 따라 재구성된다는 점도 중요한 차원입니다. 그리고 시간 차원
또는 종단 차원에서 인식되는 인식 대상도 사물, 의미, 맥락, 본질
수준으로 나눌 수 있을 것이며, 어떤 연구자는 시간의 변화에 따라
이러한 사물, 의미, 맥락, 본질이 어떻게 달라지거나 재구성되는지
궁금해할 수 있습니다.

다음은, 공간 또는 횡단 차원입니다. 이것은 현재 시점에서 사물
을 분류하거나 의미의 구조를 분석하는 것, 또는 과거를 회상하면
서 과거에 인식한 사물이나 의미를 범주화하고 본질이라고 할 만
한 핵심 주제를 찾는 것입니다. 제가 보기에는 다수의 질적 연구들

이 종단 차원보다는 이러한 횡단 차원에 더 자주 초점을 맞추고 있습니다. 의미단위-하위 범주-범주로 이어지는 범주화 분석과 유형 분석이 전형적이며, 구조-모형 분석도 대체로 횡단 차원을 더 강조하는 것으로 보입니다. 이러한 횡단 차원의 분석도 역시 사물, 의미, 맥락, 본질 수준에서 각각 또는 연결되어 수행될 수 있습니다.

예를 들어 보자면, 아동기에 성폭행을 당한 성인여성을 대상으로 한 연구는 시간 차원에서 그 여성(들)의 전 생애과정을 탐구할 수도 있고, 성폭행 사건 이후의 생존 과정을 탐구할 수도 있으며, 공간 차원에서는 성폭행 사건 당시에 인식한 사물이나 의미를 범주화할 수도 있고, 현재 시점에서 성폭행 생존 여성의 마음에 존재하는 의미들을 분류할 수도 있으며, 생애과정 전체를 관통하는 본질 주제들을 분류하여 기술할 수도 있습니다. 또한 과거와 현재 생존 여성을 둘러싸고 영향을 미치는 사회적 관계망의 하위 요소들을 사물과 의미 수준에서 분류하거나 맥락 구조로 연결할 수 있을 것입니다.

그리고 이러한 차원들은 각각 분석될 수도 있지만, 통합되어 분석될 수도 있습니다. 즉, 어떤 연구에서는 특정 사물과 의미를 시간 차원과 공간 차원에서 분류한 뒤 그것을 다시 통합하여 맥락의 구조나 본질 구조로 구성하려 시도할 수 있습니다. 실제로는 많은 질적 연구에서 이러한 시도가 이루어져 왔다고 생각됩니다. 다만 분석 결과를 정리하여 표현할 때 시간과 공간, 둘 중 하나만을 보여 주거나 통합된 상태에서 주제-범주-하위 범주 식으로 제시하다 보니 시간과 공간 둘 중 하나만 부각되는 경향이 있는 것으로 보입니다.

### (3) 관점

앞에서 살펴본 '수준'과 '차원'만으로도 질적 연구접근의 틀을 구성하는 것이 가능하긴 합니다만, 우리가 검토하고 있는 것이 '사회복지' 질적 연구접근이라는 점에서, 저는 여기에 한 가지 요소를 더하려고 합니다. 그것은 현상을 바라보는 '관점'입니다. 그리고 그중에서도 사회복지이론과 실천의 토대가 되는 세 가지 관점, 즉 생태체계관점, 강점관점, 발달관점을 살펴보려고 합니다.

첫째, 생태체계관점은 사회복지 연구자들이 현상을 이해하는 하나의 틀이 됩니다. 먼저 체계이론은 연구자가 연구참여자를 독특한 특성과 경계를 가진 하나의 체계로 파악하고, 인식 주체인 개별 인간이 다양한 하위 체계들로 구성되어 있으며, 그와 동시에 상위 체계의 하위 체계이고, 체계 내의 다른 하위 체계들과 상호작용을 하고 있다는 이해를 가능하게 합니다. 또한 생태학은 개인과 환경의 상호작용을 통해 개인인 연구참여자가 환경에 적응해 가고 있다고 가정하고, 연구참여자가 그동안 어떠한 적응 과정을 거쳐 왔고, 지금은 어떤 과정 중에 있는지 파악하게 합니다. 이러한 생태체계관점은 앞서 살펴본 공간 또는 횡단 차원과 상당한 정도로 중복된다고 봅니다. [그림 1-5]를 통해 제가 생각하고 있는 사회복지의 생태체계 맥락을 제시하고자 합니다. 우리가 이러한 맥락-구조를 고려하여 연구를 수행한다면 더 풍부한 탐구 작업이 가능하지 않을까 생각합니다.

둘째, 발달관점은 인간을 끊임없이 변화하는 주체로 보는 것으

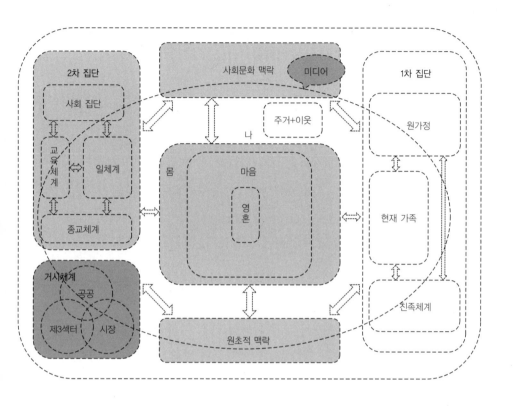

[그림 1-5] 사회복지 현상의 생태체계 맥락

로서, 우리가 인접학문들로부터 배워 온 다양한 발달이론, 생애주
기, 가족생활주기 등을 포괄하는 것입니다. 사회복지 연구자는 연
구참여자들을 이해하고자 할 때 이러한 이론과 개념, 관점을 활용
하게 될 것입니다. 입양아동이 경험하는 입양 이슈들을 이해하려
면 아동발달이론을 적용해야 하며, 결혼이민여성의 적응 과정을
분석할 때는 가족생활주기를 변형시켜야 할 것이고, 빈곤 계층의
탈수급도 연구참여자의 발달단계나 가족생활주기에 연결되어 있

다는 점을 고려해야 할 것입니다. 이러한 발달관점은 앞에서 검토한 시간 또는 종단 차원과 겹쳐집니다.

셋째, 강점관점은 지금까지 살펴본 내용들과는 별도로 다뤄져야 할 것입니다. 강점관점은, 인간을 특정한 문제를 가진 존재로 이해하며 그러한 문제를 해결하기 위해서는 그 원인이 되는 어떤 요인을 제거하거나 감소시키거나 변화시켜야 한다고 보는 병리적 관점과는 달리, 개별 인간이 가지고 있는 강점이나 장점, 능력, 자원을 전략적으로 활용하여 문제를 해결하거나, 욕구를 충족시키거나, 상황을 변화시키려는 것입니다. 이러한 강점관점을 사회복지 질적 연구에 적용하기 위해서는 연구 과정의 전반에서 이를 고려해야 할 것입니다. 특히 생태체계관점에서 공간/횡단 차원의 분석을 수행할 때는 연구참여자와 그를 둘러싼 환경 내의 하위 체계들을 강점과 약점, 촉진물과 장애물, 촉진 조건과 방해 조건 등으로 분류하여 검토하는 것도 유용할 수 있습니다. 또한 시간/종단 차원에서 연구참여자들의 생애과정에서 그들에게 어떠한 강점과 자원들이 강화되어 왔는지, 또는 그들이 가지고 있던 강점과 약점, 자원과 장애물들이 어떻게 변화되어 왔는지 분석하는 것도 중요한 차원이 될 수 있을 것입니다.

물론 개별 연구에서 이러한 관점들을 모두 적용할 필요는 없을 것입니다. 연구 주제와 연구 대상, 연구 상황에 맞게 적합한 관점을 선택하여 적용할 수 있을 것입니다.

## 2) 사회복지 질적 연구접근의 분석틀

지금까지 살펴본 내용들을 하나의 틀로 정리해 보겠습니다. 〈표 1-2〉를 보면, 가로축은 인식의 수준으로서 사물, 의미, 맥락, 본질로 나누어지고, 세로축은 횡단(공간), 종단(시간) 차원으로 구분됩니다. 수준과 차원을 교차함으로써 다양한 분석단위가 만들어질 수 있습니다.

**〈표 1-2〉 사회복지 질적 연구접근의 재구성**

| 분류 | | 사물 | 의미 | 맥락 | | 본질 | |
|---|---|---|---|---|---|---|---|
| 이해 | 횡단 | 사물–범주<br>사물–구조 | 의미–범주<br>의미–구조 | 맥락–구조 | 맥락–통합 | 본질–구조 | 본질–통합 |
| | 종단 | 사물–일화<br>사물–단계 | 의미–이슈<br>의미–주제 | 맥락–패턴 | | 본질–주제 | |
| 개입 | 횡단 | 사물–<br>투입/산출/<br>결과 | 의미–<br>투입/산출/<br>결과 | 맥락–구조<br>맥락–상호작용 | | 본질–구조 | |
| | 종단 | 사물–과정 | 의미–과정 | 맥락–개입/<br>반응 패턴 | | 본질–변화 | |

사회복지 질적 연구를 크게 두 가지 목적, 즉 이해를 위한 연구와 개입을 위한 연구로 구분할 때, 이해를 위한 연구는 14가지 형태로 이루어질 수 있습니다. 사물을 범주화하는 연구(사물-범주), 사물의 구조를 분석하는 연구(사물-구조), 사물을 일화 형태로 기술하는 연구(사물-일화), 사물을 단계로 구분하는 연구(사물-단계), 의미를 범주화하는 연구(의미-범주), 의미의 구조를 분석하는 연구

(의미-구조), 의미 수준에서 나타나는 이슈들을 발견하는 연구(의
미-이슈), 의미 수준에서 나타나는 주요 주제들을 분석하는 연구
(의미-주제), 횡단 차원에서 맥락의 구조를 분석하는 연구(맥락-구
조), 종단 차원에서 맥락의 패턴을 분석하는 연구(맥락-패턴), 횡단
맥락과 종단 맥락을 통합하는 연구(맥락-통합), 본질적 구조를 발
견하려는 연구(본질-구조), 본질적 주제를 파악하려는 연구(본질-
주제), 횡단 차원과 종단 차원을 관통하는 본질을 찾으려는 연구(본
질-통합) 등입니다. 여기에 개입을 위한 질적 연구들의 분석단위들
을 별도로 추가할 수 있습니다만 그에 대한 설명은 이 책에서 논외
로 하겠습니다.

　저에게 익숙한 주제인 '입양'을 예로 들어 각 분석단위들을 간략
하게 기술해 보겠습니다.

---

A. 사물-범주: 입양부모가 입양아동에게 입양 사실을 공개하는 말과 행동을 유형화
한다.

B. 사물-구조: 입양부모가 입양아동에게 입양 사실을 공개하는 구체적인 상황들을
영역별로 분석한다.

C. 사물-일화: 뿌리 찾기를 시도한 입양아동이 친생부모를 만났던 일화를 상세하게
기술한다.

D. 사물-단계: 입양부모가 입양아동의 발달단계에 따라 입양 관련 메시지를 노출시
키는 방법과 그에 대한 아동의 언어-행동 반응을 유형화한다.

E. 의미-범주: 현재 입양아동이 경험하는 입양됨의 의미를 유형화한다.

F. 의미-구조: 공개 입양 경험을 입양부모의 경험, 입양아동의 경험, 입양가족의 경
험, 가족 외 공개 경험으로 구조화하여 분석한다.

G. 의미-이슈: 입양 사실을 알게 된 입양아동이 발달단계별로 경험하는 입양 이슈
들을 발견한다.

H. 의미-주제: 성인이 된 입양인이 그동안의 인생을 돌아보면서 중요한 영역(자아정 체성, 입양부모, 친생부모, 관계망, 일 등)별로 경험한 입양 주제들을 파악한다.

I. 맥락-구조: 사물-구조/의미-구조에서 발견된 공개 입양의 구조에 포함된 요소 들이 연속적으로 또는 그물망처럼 서로 어떻게 연결되어 있는지 보여 주고, 기술 한다.

J. 맥락-패턴: 입양 사실을 공개한 이후 입양아동의 반응, 그에 대한 입양가족의 대 처, 그에 따른 입양아동의 순환적인 반응, 이 과정에서 인식된 각 당사자들의 경 험, 그 경험이 표출되는 반응 등의 맥락 패턴을 보여 준다.

K. 맥락-통합: 입양 사실 공개 이후 시간이 흐르면서 입양의 당사자들이 보이는 사 물 수준의 반응과 의미들이 어떠한 패턴으로 변해 가는지 교차해서 보여 준다.

L. 본질-구조: 입양아동의 경험에 영향을 미친 한국 문화의 구조를 분석한다.

M. 본질-주제: 입양인의 성장 과정에서 입양인의 주관적 경험구조가 한국 문화와 충돌하고 협상해 가는 상호작용 패턴을 분석한다.

N. 본질-통합: 자신의 생애과정에서 다양한 생활 영역들을 살아가며 경험하게 된 입양 이슈들을 해결하기 위해 성인입양인이 주류 한국 문화와 싸우며 그 문화를 변화시켜 가는 과정을 분석한다.

이러한 분석틀을 토대로 한 저의 제안은 다음과 같습니다.

첫째, 가장 중요한 것으로서, 개별 사회복지 연구자들이 연구 주 제에 적합한 연구접근을 찾아 적용하려 할 때, 기존의 질적 연구접 근들 중에서 하나를 선택하기보다는 앞에 제시한 분석틀에서 하나 이상의 분석단위를 선택할 수 있도록 하자는 것입니다. 예를 들어, 한부모가정 여성가구주의 자녀 양육 경험을 연구하려고 할 때, 어 떤 연구자는 사물 수준에서 연구참여자인 여성가구주의 일상생활 을 범주화하려고 할 수 있고, 어떤 연구자는 의미 수준에서 그들의 양육 경험을 범주화하거나 본질 구조를 파악하려 할 수도 있습니다. 후자의 경우에 연구자는 현상학적 연구접근을 활용하거나 양육 경험의 주요 이슈들을 파악하기 위해 질적 사례연구를 시도해 볼 수 있습니다. 그러나 전자의 경우, 현상학적 연구접근이나 질적 사례연구접근이 적절하지 않을 수도 있고, 연구를 수행하여 발표할 때 '깊이가 없다'는 식의 비평을 들을 수도 있습니다. 또한 어떤 연구자가 양육 경험의 맥락을 파악하려 한다면 마땅히 적용할 만한 연구접근을 찾기도 어려울 것입니다. 따라서 이제는 기존의 질적 연구접근들에 의존하기보다는 다양한 레퍼토리로 구성된 질적 연구접근의 분석틀을 고안하고, 그중에서 취사선택할 수 있도록 하자는 것입니다.

둘째, 기존의 연구 방식에 대한 저 자신의 반성이 담긴 것으로, 질적 연구와 관련된 개념들을 정확하게 이해하고 사용하자는 것입니다. 질적 연구 논문에서 자주 사용되는 표현으로 현상, 의미, 경험, 본질, 과정, 구조, 패턴, 범주, 재구성 등이 있습니다. 그런데 다양한 질적 연구 단행본과 논문들을 읽다 보면 이러한 개념들이 명확하게 구분되지 않고 혼용되고 있음을 발견하게 됩니다. 또한 제가 논문을 쓰거나 지도하거나 심사할 때도 마찬가지 경험들을 하게 됩니다. 제 생각에는 앞에서 제안한 분석틀을 정교하게 만들고, 그 안에 있는 개념들의 의미를 구체적으로 정의하며, 학문공동체 내에서 충분히 공유하게 되면 이러한 문제들이 줄어들 것 같습니다.

셋째, 앞으로 학문의 발전과 병행하여 이 분석틀을 더욱 정교하게 만들어 갈 뿐만 아니라, 이 틀을 넘어서는 새로운 연구접근들을 계속해서 만들어 가자는 것입니다. 즉, 사회복지 질적 연구의 내연과 외연을 더욱 충실하게 채워 갈 수 있기를 바랍니다. 이것은 학문공동체가 공동으로 추진해 가야 할 일이라고 생각됩니다.

## 5. 소결

이 글의 목적은 기존의 사회복지 질적 연구접근을 반성하고, 사회복지학의 연구 주제군에 맞는 질적 연구접근의 새로운 틀을 제안하는 데 있었습니다. 이러한 목적을 달성하기 위하여, 저는 그동안 사회복지학에서 이루어져 온 질적 연구접근들을 검토한 뒤에, 질적 연구들을 수행하면서 활용한 분석단위들을 분류하고, 각 연구 주제군에 맞는 연구접근이 어떤 것일지 고민해 보았습니다. 그리고 그 결과로 나름의 새로운 연구접근을 재구성하고 제안하였습니다. 그 내용을 다시 정리하면 다음과 같습니다.

먼저, 사회복지학에서 그동안 이루어져 온 질적 연구들을 살펴본 결과, 전통적인 질적 연구접근(내러티브 탐구, 현상학, 근거이론, 문화기술지, 사례연구 등)을 그대로 또는 변형하여 적용하는 연구들과 다양한 질적 연구접근들이 공유하는 기본적인 연구 방법(심층면접을 통한 자료 수집과 지속적 비교를 통한 범주화 분석, 주제 분석, 구조 모형 구축 등의 자료 분석 방법)을 활용한 연구들로 구분할 수 있었습니다. 그리고 이러한 질적 연구접근들이 초점에 따라 다양한 주제를 가지고 다양한 분석 방법들을 활용하고 있기는 하지만, 전체적으로 보면 공통된 분석 방법들을 중복해서 활용하는 경향이 있음을 발견하였습니다. 제가 그동안 수행해 온 연구들을 반성적으로 검토해 본 결과로도 마찬가지 결론을 얻었습니다. 초점과 주제, 연구접근 등에 따라 차이가 있기는 하지만, 질적 연구라는 큰 틀에서 보면 상당히 많은 공통점들이 있으며 동일한 분석 방법을 반복해서 활용해 왔다는 것입니다.

이러한 결과를 바탕으로 하여, 저는 사회복지학의 질적 연구접근을 위한 새로운 분석틀을 구성해 보았습니다. 이를 위해서 먼저 인식의 '수준'과 '차원'을 구체적으로 구분하였고, 여기에 '관점'을 더하였습니다. 즉, 질적 연구접근을 세 개의 축으로 구성한 것입니다. 구체적으로 살펴보면, 인식의 수준은 사물과 의미, 본질 그리고 맥락으로 구분하였으며, 인식의 차원은 시간과 공간으로 구분하였습니다. 관점은 생태체계관점, 발달관점, 강점관점으로 구성됩니다. 그런데 관점은 차원과 겹치는 부분이 많기 때문에 분석틀에서 별도의 축으로 구성하지는 않았습니다. 이러한 수준들과 차원들을 교차시켜 총 14개의 분석단위를 만들어 보았습니다. 같은 틀을 적용하여 개입연구의 분석틀도 만들어 보았지만, 이 글에서는 논외로 하였습니다.

이어서 저는 사회복지 질적 연구접근의 새로운 분석틀의 적용과 관련된 제안도 덧붙였습니다. 가장 중요한 것은 여전히 모호한 상태로 남아 있는 전통적인 질적 연구접근들에 매달리기보다는 새로운 질적 연구접근의 분석틀을 만들어 보자는 것입니다. 사물과 의미, 맥락, 본질의 수준에서 횡단적, 종단적 또는 통합적 차원의 질적 연구 방법들을 선택하여 활용할 수 있을 것입니다. 다만 이러한 과정에서 연구자 자신이 어떤 수준과 차원에서 질적 연구를 수행하려 하는지만 명확하게 설정하면 될 것입니다. 이를 위해서는 학문공동체의 활발한 논의와 지식 공유, 지속적인 분석틀의 재구성 작업이 필요할 것입니다.

마지막으로 한 가지만 더 제안하자면, 우리가 지금보다 더욱 유연한 마음으로 질적 연구를 바라볼 필요가 있다는 것입니다. 제 생각에 우리는 아직도 질적 연구에 대해 제대로 알지 못하고 있으며, 앞으로도 충분히 알기는 어려울 것입니다. 질적 연구는 우리가 가늠할 수 있는 수준 이상의 넓이와 깊이를 가지고 있다고 믿기 때문입니다. 또한 지금도 새로운 질적 연구접근들이 계속 나타나고 있으며 재구성되고 재해석되고 있으므로, 결국 우리들 자신은 질적 연구접근을 안다고 확신에 찬 목소리로 답하기 어려울 것입니다. 따라서 우리는 자신의 한계를 인정하면서, 그럼에도 더 깊이 이해하기 위해 노력해 갈 뿐입니다.

이런 점에서 우리는 다른 연구자들의 관점과 노력도 어느 정도는 인정해 줄 필요가 있습니다. 저는 종종 '사물' 수준에서 특정 하위 집단의 경험을 분석하여 논문을 쓰고 투고할 때가 있습니다. 그럴 때 저는 연구참여자가 인식한 일화나 그와 관련된 말과 행동, 사건들의 연쇄들을 구체적으로 분류하고 상세하게 기술하는 것만으로도 충분하다고 판단하여 논문을 쓰고 투고하지만, 많은 심사위원들이 '깊이가 없다'는 이유로 퇴짜를 놓고는 합니다. 이때 '깊이가 없다'는 말은 '의미'나 '본질' 수준으로 들어가지 못했다는 뜻일 것입니다. 물론 그 말이 맞기는 하겠지만 원래의 연구 목적이 사물 수준에서 분석하려는 것이었고 그것만으로도 충분하다고 판단한 것인데, 그러한 생각을 인정받지 못한 것입니다. 사실 이 글은 이러한 상황을 반복적으로 겪으면서 느끼고 생각한 것을 구체화시켜 본 것이라고 할 수 있습니다. 저는 많은 질적 연구자들과 대화를 나누면서 이것이 저만의 생각은 아니라는 것을 알게 되었습니다. 이 글이 학문공동체로 하여금 이러한 아이디어를 놓고 진지하게 고민하게 하는 계기가 되었으면 합니다.

# 제2장

# 사회복지 질적 연구 방법론으로서
# 맥락-패턴 분석 방법[1)]

## 1. 서론

이 글의 목적은 사회복지 현상을 연구하기 위한 질적 연구접근의 한 대안으로서 '맥락-패턴 분석'을 소개하고 제안하고자 하는 것입니다. 이러한 목적을 위해서 이 글은 맥락-패턴 분석 방법을 개발하게 된 배경과 이 분석 방법의 주요 발상들을 소개하고, 그러한 이해를 바탕으로 지금까지 이 분석 방법을 적용한 연구사례들과 현재 시점에서 고안된 구체적인 절차 및 방법들을 제시하는 순서로 전개하고자 합니다. 첫 번째로, 맥락-패턴 분석 방법을 개발하게 된 배경을 기술하면 다음과 같습니다.

저는 질적 연구자입니다. 질적 연구접근을 적용한 연구로 박사학

---

1) 이 장에서 소개하는 방법론은 앞서 논의된 내용들을 기반으로 하지만, 독립적인 논문으로 발표된 내용을 편집한 것이고 별도의 분석 방법을 소개하는 것이기 때문에 제1장의 내용들과 중복된 부분이 다수 있습니다. 이 점을 양해해 주길 바랍니다.

위논문을 받았고, 대학에서 전임교원이 된 이후 15년째 주로 질적 연구만을 하고 있습니다. 10여 년이 넘는 시간 동안 질적 연구를 하면서, 그러니까 질적 연구 프로젝트를 진행하면서 논문을 쓰고, 질적 연구에 대해 강의를 하고, 질적 연구 학위논문과 학술논문들을 지도하거나 심사하면서 질적 연구에 대해 많은 경험을 하게 되었고, 그만큼 깊은 고민을 하게 되었습니다. 이 글은 그러한 고민 끝에 나온 잠정적인 결론과 그 대안이라 할 수 있습니다. 앞서 제1장에서 언급한 바와 같이, 제가 질적 연구에 대해 고민해 온 이슈들을 제시하면 다음과 같습니다.

첫째, 내가 연구하려고 하는 사회복지 현상과 주제에 기존의 질적 연구 방법론들이 잘 들어맞지 않는 경우가 많은데, 마땅히 다른 대안이 없기 때문에 억지로 적용하게 된다.

둘째, 전통적인 질적 연구 방법론들을 각각 이해하기도 어렵지만 그것들 사이의 공통점과 차이점을 파악하기도 어려운데, 따지고 보면 공통점이 많은 것으로 보인다.

셋째, 전통적인 질적 연구 방법론을 적용하다 보면, 사회복지 현상을 이해하기 위한 사회복지 연구자의 관점으로서 생태체계관점이나 강점관점, 발달관점들을 적용하기가 어렵다.

넷째, 전통적인 질적 연구 방법론은 우리가 기대하는 것보다 정형화된 연구 절차와 방법을 적용하도록 강요하는 경우가 많고, 그것이 방법론 개발자의 입장은 아니더라도 실제 연구를 진행하는 과정에서는 정형화된 틀을 따르는 경우가 많다.

이러한 이슈들은 질적 연구자로서 저 혼자만 고민하고 있는 것은 아니며, 다른 질적 연구자들을 만나 깊은 대화를 나누다 보면 자주 듣게 되는 이야기들입니다. 이러한 이슈들을 논의한 학술논문들도 존재합니다(김미옥, 2007; 김인숙, 2007). 또한 대학원생들의 논문을 지도하거나 학술지 논문을 심사하거나, 반대로 제가 투고하고 다른 연구자들의 심사를 받는 과정에서 계속 거론되는 이슈들인 것입니다. 새로운 연구 프로젝트를 진행할 때마다 부딪치게 되는 이 난제 앞에서, 저는 '그렇다면 이런 문제들을 해결할 수 있는 새로운 질적 연구 방법론을 개발하면 되지 않을까'라는 생각을 하게 되었습니다. 그래서 기존 질적 연구 방법론들의 기본적인 접근은 수용하면서도 사회복지학의 관점을 유지하고, 사회복지 현상에 부합하게 적용할 수 있는 분석 방법의 개발을 시도하게 된 것입니다.

그 첫 번째 작업으로서 2012년에 질적 연구 방법론의 전체 구조를 새롭게 조명하면서 새로운 분석틀을 제안하는 논문을 일반학술지에 게재하였고(권지성, 2012), 2013년에는 맥락 구조 분석 또는 맥락-패턴 분석 방법을 적용한 3편의 학술논문을 한국연구재단 등재지에 게재하였으며(권지성, 2013; 권지성 외, 2013; 장혜진 외, 2013), 2014년에는 맥락 구조 분석 방법을 소개하는 학술논문(권지성, 2014)을 역시 등재지에 게재하였습니다. 이 논문들 외에도 제가 참여한 연구 프로젝트의 보고서와 학술논문들, 그리고 심사하거나 지도한 여러 편의 학위논문에 이 분석 방법을 적용하였으며, 대부분의 논문에서 분석 결과를 한눈에 보여 주는 맥락 패턴 그림을 제시하였습니다. 이 글은 이러한 연구 방법론 개발 과정의 연속선상에 놓여 있는 셈입니다. 이 글이 앞서 발표된 논문들과 다른 점은 그동안 이 방법론을 적용하여 연구하고 강의하면서 정리한 생각들을 다시 체계화하고, 거기에 새로운 생각들을 덧붙여서 처음보다는 더욱 발전된 분석틀을 갖추었으며, 하나의 독립적인 연구 방법론으로서 구체적인 절차와 방법들을 소개하고 있다는 점입니다. 그러면 이제 맥락-패턴 분석 방법의 주요 발상들에 대해 살펴보겠습니다.


## 2. 맥락-패턴 분석 방법의 주요 발상들

먼저 제가 맥락-패턴 분석 방법을 개발하고 적용하기 전까지 다른 질적 연구접근 내에서 실제로 질적 자료를 수집하고 분석하는 과정에서 나타난 몇 가지 이슈들을 제시하면 다음과 같습니다. 첫째, '맥락'과 '패턴'의 의미에 대한 혼란입니다. 둘째, '경험'의 의미에 대한 혼란입니다. 셋째, '관점'의 적용에 대한 혼란입니다. 넷째, '분석틀의 정형화'에 대한 혼란입니다. 이를 구체적으로 기술하면 다음과 같습니다.

첫째, 질적 연구의 특성 중 하나로 거론되는 '맥락'과 '패턴'의 의미에 대한 것입니다. 먼저 맥락에 대해 살펴보겠습니다. 흔히 양적 연구와는 달리 질적 연구는 연구하고자 하는 현상의 '맥락'을 고려한다고 기술합니다. 그런데 맥락이란 무엇일까요? 예를 들어, 알코올중독자의 생활 경험을 맥락적으로 이해한다고 말할 때, 그 맥락이란 무엇을 의미할까요? 질적 연구 방법에 관한 문헌들에서 이러한 맥락의 의미를 규정한 부분을 찾아보기도 힘들고, 일상적인 의사소통이나 이론적 개념들에서도 발견하기 어렵습니다. 아마도 일반 사회 구성원들과 연구자들이 언급하는 맥락은 일정한 시간과 공간 내에서 알코올중독자들이 처한 상황이나 배경을 말하는 것이라고 생각됩니다. 즉, 그의 부모가 알코올중독자였기 때문에(배경) 그도 알코올중독자의 패턴을 익히게 되었거나, 주변에 술을 마시는 사람이 많고 같이 어울리다 보니까(상황) 그도 술을 자주 마시게 되었다는 식입니다. 그런데 어느 날 국어사전을 찾아보고, 그것이 아닐 수도 있겠다는 생각이 들었습니다. 국립국어원의 표준국어대사전에서는 맥락을 "사물 따위가 서로 이어져 있는 관계나 연관"으로 정의하고 있습니다. 저는 이 정의에서 '이어져 있는'이라는 표현에 주목하게 되었습니다. 이 정의가 맞는다면, 맥락은 상황이나 배경이라기보다는 그 현상 내에서 '사물들이 서로 연결되어 있는 일종의 구조'일 것입니다. 물론 이를 상황이나 배경으로 이해할 수도 있겠지만, 기본적으로는 서로 독립적으로 존재하는 주체들의 연결 고리로 맥락을 이해할 수 있다는 것입니다.

이러한 생각을 가지고 자연과학이나 사회과학에서 탐구하는 주제들을 다시 검토해 보니 많은 현상이 이러한 맥락으로 이해될 수 있다는 사실을 발견하게 되었습니다. 가장 가까운 예로, 인간은 독립적으로 존재하면서도 다양한 사회적 관계망 안에서 다른 인간들과 서로 연결되어 있습니다. 또한 인간의 마음이 내재되어 있는 뇌를 생각해 봅시다. 뇌는 대략 100억 개에서 1,000억 개의 신경세포로 구성되어 있으며, 각 신경세포는 독립적이면서도 다른 신경세포들과 연결되어 있습니다. 인간의 마음은 신경세포들이 서로 연결되어 있는 회로 구조로 구성된 것으로 이해되고 있습니다. 다시 말하자면, 마음의 구조도 일종의 회로체계이며 각 신경세포에 저장되어 있는 마음의 조각들이 모여서 특정한 '생각'을 구성한다고 볼 수 있습니다. 반대 극단의 거시체계인 우주를 생각해 봅시다.

지구는 독립적으로 존재하면서도 태양계 내의 행성들과 보이지 않는 끈으로 밀접하게 연결되어 있습니다. 태양계는 하나의 맥락 구조인 것입니다. 인터넷은 독립적으로 배치되어 있는 컴퓨터가 허브를 중심으로 연결되어 있고, 이러한 허브들이 다시 다른 허브들과 연결되어 있는 맥락 구조입니다.

이러한 생각을 우리가 탐구하려고 하는 사회복지 현상에 적용해 봐도 맥락 구조가 드러납니다. 결혼이민여성은 한국 사회에 진입하면서 새로운 사회적 관계망의 맥락 구조에 포함되게 되며, 본국의 관계망과는 약한 연결 고리를 갖게 됩니다. 그가 한국 사회에서 경험하는 삶은 마음속에 별개의 조각들로 기억되면서 서로 연결되고 새로운 맥락 구조를 형성하게 됩니다. 특정 맥락은 특정 공간 안에 대체로 일관된 형태로 존재하고, 시간이 바뀌면 변화될 수 있는 것으로 생각됩니다. 따라서 맥락은 '공간성'에 초점을 맞춘 개념입니다.

다음으로 '패턴'의 의미에 대해 살펴보면 다음과 같습니다. 표준국어대사전에서 패턴은 "일정한 형태나 양식 또는 유형"으로 정의되고 있으며, '모형, 본새, 유형, 틀'로 순화할 수 있고, 소비 패턴, 행동 패턴, 생활 패턴 등으로 사용된다고 기술하였습니다. 질적 연구에서 패턴은 '일상생활 패턴을 탐색한다.'와 같은 용례로 사용됩니다. Benedict가 『문화의 패턴』에서 "문화란 개인과 마찬가지로 정도의 차이가 있기는 해도 앞뒤와 옆이 잘 짜여진 생각과 행동의 패턴이다(Benedict, 1993: 62)."라고 말했을 때, 패턴이란 생각과 행동의 구조라는 의미를 가진 것으로 보입니다. 이러한 정의들을 얼핏 살펴보면, 패턴은 맥락과 마찬가지로 평면적인 의미를 가진 것으로 보입니다.

그런데 다시 생각해 보면, 패턴에는 시간의 의미가 포함되어 있습니다. 예를 들어, '일상생활 패턴'은 특정 공간에 정지되어 있는 활동들의 맥락이 아니라 특정 시간 동안 연속적으로 이루어지는 일련의 활동들, 즉 7시에 일어나서 씻고, 밥을 먹고, 옷을 입고, 집 밖으로 나서서, 교통수단을 활용하여 출근하고, 도착하여 컴퓨터를 켜고 일할 준비를 하는 등의 활동을 말하는 것입니다. 동양과 서양의 생활 패턴이 서로 다르다고 할 때, 그것은 시간의 흐름에 따라 일정하게 나타나는 생각과 행동의 연쇄 작용이라고 할 수 있을 것입니다. 패턴은 한 시간, 하루, 일주일, 한 달, 분기 또는 시즌, 1년, 생애과정의 특정 발달단계, 전체 인생에서 나타날 수 있습니다. 또한 반복되는 일상에서 구성될 수도 있고, 특정한 사건을 만났을 때 나타나는 일련의 과정으로 구성될 수도 있습니다. 예를 들어, Kubler-Ross와 Kessler(2005)가 소개한 상실의 5단계(부정, 분노, 타협, 절망, 수용)는 인간이 상실에 해당하는 사건을 만났을 때 경험하게 되는 일련의 감정과 행동들을 보여 줍니다. 이것도 패턴이라고 말할 수 있을 것입니다. 그밖에도 루틴(Routine), 단계, 과정, 국면 등이 넓은 의미에서 패턴에 포함될 수 있습니다.

패턴은 공간의 제약을 받는 것이 사실이고, 일정한 맥락 안에서 벌어지는 일들이므로 맥락의 일부라고 볼 수도 있을 것입니다. 그러나 저는 패턴에 시간성의 의미를 더 부여하고자 합니다. 따라서 패턴에 대한 저의 정의는 '일정한 시공간 내의 특정 개인 또는 집단, 사회에서 일관되게 연속적으로 나타나는 마음과 행동, 상호작용, 관계망의 연결 구조'로 정리하고자 합니다.

둘째, '경험'의 의미에 대한 것입니다. 경험이라는 용어도 질적
연구 방법론에서 매우 빈번하게 등장하지만, 그 자체에 대한 정의
는 찾아보기 어렵습니다. 대부분의 저자들은 그것을 모두가 당연
하게 이해하는 개념으로 생각하고 기술하는 것으로 보입니다. 그
러면서 질적 연구 방법의 특징으로 '주관적 경험'을 탐구한다든가,
'경험의 의미'를 포착한다든가, '경험의 본질'을 찾는 것 등을 제시
합니다. 그런데 경험이란 무엇입니까? 이 경우에는 국어사전의 정
의가 일반적인 정의와 들어맞는 것 같습니다. 표준국어대사전에
서는 경험을 "1. 자신이 실제로 해 보거나 겪어 봄. 또는 거기서 얻
은 지식이나 기능, 2. (철학) 객관적 대상에 대한 감각이나 지각 작
용에 의하여 깨닫게 되는 내용"으로 정의하고 있습니다. 정리해 보
면, 경험이란 어떤 현상이나 사물을 해 보거나 겪으면서 감각이나
지각으로 깨닫게 된 것이라고 할 수 있을 것입니다.

　예를 들어, 결혼이민여성의 한국 생활 '경험'이란 결혼이민여성
이 한국 사회에서 살면서 겪은 일을 감각이나 지각으로 깨닫게 된
것입니다. 그렇다면 '경험의 의미'란 무슨 뜻일까요? 또는 '경험의
본질'은? 어떠한 문헌에서도 이에 대한 정의를 찾아보기 어렵습니
다. 제가 보기에 결혼이민여성의 한국 생활 경험의 의미는 그가 감
각이나 지각으로 깨닫게 된 것에 '부여한 새로운 생각'입니다. 예
를 들어, 한국인 남편과 의사소통이 안 된다는 '사실'에 말이 통하
지 않음이라는 생각이 들고 거기에 '의미'를 부여한 것입니다. 이와
는 달리 경험의 본질은 결혼이민여성에게 그런 생각이 들도록 만
든 어떤 근본적인 생각의 구조라고 생각됩니다. 그러한 본질은 객
관적인 사실의 바탕일 수도 있고, 주관적 의미의 바탕일 수도 있을

것입니다.

셋째, 사회복지학의 관점 적용에 대한 것입니다. 일반적으로 사회복지학에서는 사회 현상을 보거나 클라이언트를 바라볼 때, 생태체계관점과 강점관점, 발달관점을 적용한다(적용해야 한다)고 말하곤 합니다. 그리고 교육과정에서 이러한 관점들을 끊임없이 가르치고 적용하도록 합니다. 그런데 사회복지 연구에서도 이런 관점들이 그대로 적용되고 있는지, 특히 다른 학문에서 개발된 질적연구접근들을 사회복지 현상에 적용할 때도 이런 관점들이 적용가능한지 의문을 갖게 됩니다. 즉, 현상학이나 문화기술지, 근거이론, 사례연구, 내러티브 접근과 같은 연구접근들을 적용했을 때 사회복지 현상을 생태체계, 강점, 발달의 관점에서 이해하고 결과를 제시할 수 있는가 하는 것입니다. 지금까지 앞에 언급된 질적 연구접근을 사회복지 현상에 모두 적용해 보면서 든 생각은 '그렇지 않은 경우가 많다'는 것입니다. 물론 주제와 접근에 따라 이러한 관점들이 적용되는 경우들도 있지만 그렇지 않을 때도 많고, 오히려 관점들을 적용할 때 연구접근의 특징을 살리지 못할 때도 있습니다.

넷째, 분석틀의 정형화에 대한 것입니다. 기존 질적 연구 방법론에 대한 질적 연구자들의 불만 중 하나는, 질적 연구접근 자체는 유연성을 특징으로 거론하면서 중요하게 생각하지만, 실제로 질적 연구를 수행하고 논문을 쓸 때는 각 질적 연구접근의 개발자들이나 학문 전통에서 제시하는 절차와 방법을 그대로 적용하는 경향이 있다는 것입니다. 이것은 '엄격성'이라는 기준을 들이댔을 때 더욱 극명하게 나타납니다(김미옥, 2007). 특히 근거이론 접근에 대해 이러한 비판이 거세게 이루어져 왔는데, 다른 연구접근들도 정도의 차이일 뿐 비판의 여지가 남아 있습니다. 단순히 생각해 봐도 모든 현상은 그 맥락과 패턴이 다 다르게 존재할 것이므로 그것을 탐색하는 절차와 방법, 결과로서 논문의 형식과 내용도 달라지는 것이 자연스러울 것입니다. 그렇다면 각각의 사회복지 현상이 보이는 맥락과 패턴을 '있는 그대로' 보여 주는 방법은 무엇일까요? 그것은 맥락과 패턴이라는 기본 구조만을 유지하고, 각 사회복지 현상을 개별적으로 탐색해 가는 접근이어야 하지 않을까 생각됩니다.

저는 이러한 이슈들에 대해 고민하면서 이 문제들을 해결할 수 있는 대안이 없을지 고민하기 시작했습니다. 그리고 사회복지학의 전통에 의존하여 이 문제를 풀어 보기로 했습니다. 그러한 문제 해결 과정에서, 사회복지 연구자로서 사회복지 현상을 탐구하기 위해서는 사회복지학 고유의 관점을 유지할 필요가 있다는 생각을 하게 되었습니다. 사회복지 문헌에서 일반적으로 공유되는 관점은 생태체계관점과 강점관점, 그리고 발달관점입니다. 이 글에서 이러한 관점들을 구체적으로 기술할 필요는 없을 것입니다. 다만 이러한 관점들이 사회복지 현상을 탐구하기 위한 방법으로서 질적 연구 방법론에 적용될 때 고려해야 할 주요 가정들은 다음과 같은 사항들일 것입니다.

첫째, 생태체계관점에서 인간과 사회는 체계입니다. 또한 인간과 사회는 각각 하위 체계들로 구성되어 있으면서 더 큰 체계의 하위 체계입니다. 인간과 사회 환경은 나름의 경계를 가지고 있으면서 서로 상호작용을 하고, 적응해 갑니다.

둘째, 강점관점에서 인간과 사회는 기본적으로 강점, 장점, 역량, 자원 등을 가진 존재로 인식될 필요가 있습니다. 사회복지 개입은 '문제'를 발견하고 확인하는 데서 시작되지만 그 문제를 해결해 가는 과정은 강점에 초점을 두고 그것을 활용하는 방식으로 전개되어야 합니다. 사회복지사들은 인간을 문제를 가진 존재로 인식하는 '병리적 관점'에서 벗어나서 문제 해결을 위한 자원과 역량을 가진 존재로 인식하는 강점관점을 유지하고 개입해야 합니다.

셋째, 발달관점에서 인간과 사회는 지속적으로 변화하는 존재로 인식되어야 합니다. 인간과 사회는 개별적으로 자신만의 역사를 가지고 있으며, 과거에서 현재로, 현재에서 다시 미래로 이동하면서 끊임없이 변화해 갑니다. 인간은 일정한 발달단계를 거쳐 성장하며, 인간의 가족은 가족생애주기라는 일정한 패턴을 거쳐 가기도 합니다. 현대 사회에서 발생하는 각종 사회적 위험은 그것이 발생하고 진행되는 과정에서 일련의 패턴을 보이며, 그것을 경험하는 사람들도 신체심리사회적으로 일정한 적응의 패턴을 보이기도 합니다.

그런데 이러한 관점들에 대해 고민하는 과정에서 몇 가지 다른 생각들이 떠올랐습니다.

첫째, 강점관점에 대한 반론으로서, 우리가 클라이언트를 바라볼 때 반드시 강점만을 바라볼 필요는 없다는 것입니다. 즉, 우리는 문제와 욕구, 강점과 약점, 장점과 단점, 자원과 그것의 부재, 역량과 무기력을 포괄하여 인간 존재를 살펴볼 필요가 있습니다. 예를 들어, 강점관점을 적용하는 연구에서 자주 등장하는 클라이언트의 강점인 '높은 자기효능감'은 어떤 클라이언트에게는 문제

나 단점, 약점으로 나타날 수도 있으며, 관점을 바꾸면 그것 자체
가 상황에 따라 단점이 될 수도 있습니다. 따라서 강점관점을 갖는
것 자체는 필요하지만 연구자의 입장에서 현상을 바라볼 때는 문
제와 강점을 모두 파악하는 균형 잡힌 시각이 필요하다는 것입니
다. 그렇다면 질적 연구를 수행할 때 이러한 강점관점을 어떻게 반
영할 것인가라는 의문이 제기됩니다. 제 생각에는 특정 시점(발달
관점)과 특정 맥락(생태체계관점) 내에서 해당 개인이나 집단의 병
리나 문제와 함께 강점과 장점, 자원들을 확인하고 그것을 강점과
약점의 형태로 분명하게 제시하는 방식이 가능할 것입니다.

또 하나의 생각은 존재들의 연결 고리에 대한 이해의 이슈입니
다. 일반적으로 생태체계관점을 설명하다 보면, 인간과 사회 환경
을 세포 구조처럼 생각하게 되는 경향이 있는 것 같습니다. 즉, 세
포벽으로 둘러싸인 세포들이 유기물 내에서 경계를 맞대고 상호
작용하는 그림을 떠올리게 된다는 것입니다. 그런데 다시 생각해
보면, 다른 형태의 존재들은 일반적인 세포 구조보다는 뇌 속 뉴
런(신경세포)들의 연결 구조에 더 가깝습니다. 그것을 그림으로 그
려 보면, 개별 주체는 점, 주체들의 연결 고리는 선이라고 할 수 있
으며, 이것을 공간 차원의 횡단면으로 확장하면 맥락, 시간 차원
의 종단면으로 확장하면 패턴으로 표현할 수 있을 것입니다([그림
2-1] 참조).

이러한 생각들을 토대로 하여 맥락-패턴 분석 방법의 중심이 되
는 주요 발상은 다음과 같습니다.

첫째, 특정 시점에서 사회복지 현상의 주체들은 서로 연결되어
있는 복합적인 구조인 '맥락'으로 구성되어 있습니다. 한 사람은 한

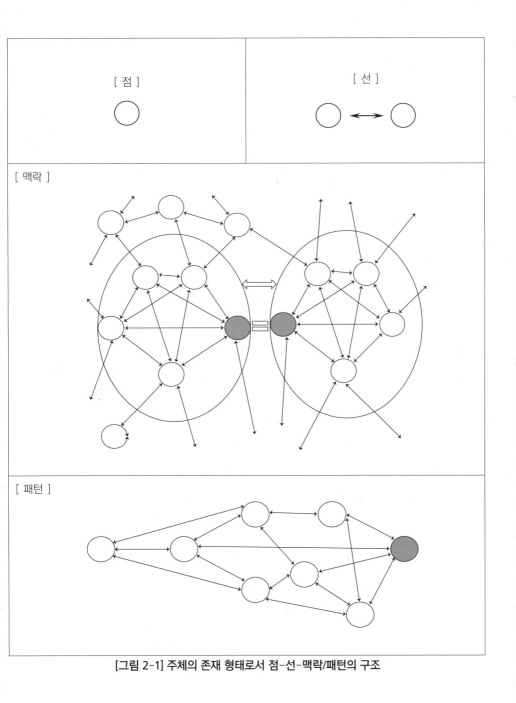

[그림 2-1] 주체의 존재 형태로서 점-선-맥락/패턴의 구조

개의 맥락 구조 안에만 들어가 있을 수도 있지만, 대체로 다양한 맥락 구조(예를 들어, 가족, 직장, 학교, 사교 집단, 종교 단체 등)에 포함되어 있습니다. 맥락의 요소들은 개인일 수도 있지만 더 미시적인 수준에서 동질적인 집단에 속한 개인들의 마음에 존재하는 인지, 정서, 행동군일 수도 있으며, 더 거시적인 수준에서 가족과 집단, 지역사회, 국가들의 연결 구조일 수도 있습니다.

둘째, 일정 시점들을 연결하여 보면, 사회복지 현상에는 특징적인 패턴들이 존재합니다. 다시 말하면, 그 현상을 경험하는 주체들에게 시간의 흐름에 따라 일정한 패턴이 나타납니다. 그 패턴은 일상생활에서 수행하는 연속적인 일과의 형태일 수도 있고, 특별한 이벤트의 규칙적인 순서일 수도 있으며, 위기 사건 이후에 체계와 구성원들이 보이는 일련의 행동일 수도 있습니다.

셋째, 사회복지 현상에 대한 인식 주체의 경험이라는 맥락은 그들이 기억하고 있는 '사물'과 그 사물에 부여된 '의미'로 구성할 수 있으며, 그러한 사물과 의미가 발현하게 된 근본적인 배경으로서 '본질 구조'가 존재합니다. 연구를 위한 면접 장면에서 기억된 사물과 의미, 본질 구조는 연구참여자의 의식을 통해 연구자에게 전달됩니다. 물론 인간의 마음에는 의식 외에 무의식의 영역이 존재하고, 이것이 기억과 의미, 본질 구조에 영향을 미칠 수 있겠지만, 맥락-패턴 분석 방법의 틀에서는 무의식의 영역과 의식과 무의식의 관계를 '아직 분명히 알 수 없는' 것으로 남겨 두고자 합니다. 이것을 그림으로 표현하면 [그림 2-2]와 같습니다.

예를 들어, 자연 재난을 경험한 사람들을 대상으로 질적 연구를 수행한다면, 자연 재난이 일어났을 당시와 그 전후에 벌어진 일들

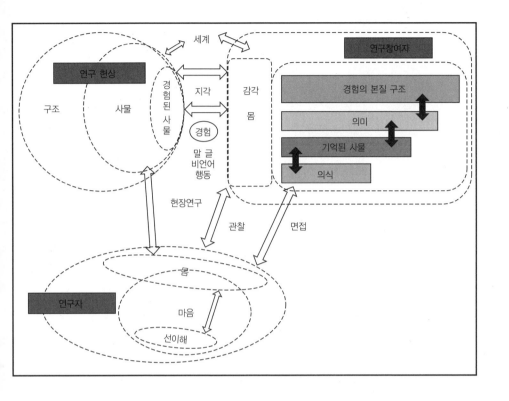

[그림 2-2] 인식의 맥락 구조

(사물)을 물어볼 수도 있고, 그 당시에 어떤 생각들이 떠올랐는지 그리고 거기에 어떤 의미를 부여하게 되었는지(의미) 탐색할 수도 있으며, 한 걸음 더 나아가면 그러한 재난이 어떤 기제에 의해 예방 되지 않고 계속 발생할 수밖에 없었는지, 그리고 그런 재난이 발생 했더라도 왜 그러한 의미를 갖게 되었는지(본질 구조)에 대한 근본 적인 물음을 던질 수도 있는 것입니다. 이러한 사물과 의미, 본질 구 조 중에서 어떤 것이 중요하고 개별 연구에서 어떤 질문과 답변에

초점을 두어야 하는지는 동시대의 사회 구성원들과 학문공동체, 개별 연구자, 주제에 따라 달라질 수 있을 것입니다.

넷째, 사회복지 현상에 대한 인식의 세 가지 층위, 즉 사물, 의미, 본질은 각각의 맥락을 가지고 있습니다. 또한 이러한 층위들 사이에도 서로 연결된 맥락 구조가 존재한다고 가정할 수 있습니다.

다섯째, 사회복지 현상은 특정 시공간 경계 내에서 발생합니다. 즉, 일정한 시간과 공간의 경계 안에서 사회복지 현상을 파악할 수 있습니다. 또한 시간은 과거와 현재, 미래의 연속선상에서, 공간은 생태체계의 동심원 구조로 이해될 수 있습니다.

저는 우선 이러한 주요 발상들만을 가지고 일련의 연구 프로젝트에서 시범적으로 맥락-패턴 분석 방법을 적용해 보았습니다. 그리고 기대했던 것보다 좋은 결과들을 얻을 수 있었습니다. 아직 체계화되지 않고 방법론도 구체적으로 제시되지 않은 상황이었음에도 불구하고, 제 논문을 심사한 연구자들은 대체로 우호적인 평가를 내렸고, 어렵지 않게 학술지에 게재할 수 있었습니다. 다음 절에서는 구체적으로 이 방법을 적용하여 연구를 진행하고 학술지에 발표한 논문들을 소개하고자 합니다.

## 3. 맥락-패턴 분석 방법을 적용한 연구사례

여기에서는 앞서 소개한 맥락-패턴 분석 방법의 발상들을 적용한 연구사례들을 제시하고자 합니다. 최초의 아이디어는 무척 조잡한 것이었고, 이후 생각에 생각을 거듭하면서 전체적인 분석틀과 구성 요소, 개념들의 명칭이 계속 바뀌어 왔습니다. 따라서 개별 연구에 제시된 개념들의 이름은 서로 다를 수 있습니다. 지금 제가 제안하고 있는 맥락-패턴 분석 방법의 분석틀과 개념들이 이하에 제시될 연구들의 그것들과 다름에도 불구하고 여기에 그대로 소개하는 것은 우선 아이디어의 변화 과정을 보여 드리고자 함이고, 이 방법론이 아직 개발 중에 있으며 앞으로도 계속 발전되어 갈 것임을 함의하고자 하는 것입니다.

첫 번째 사례는 '저소득층이 경험하는 행복의 맥락' 연구입니다(권지성, 2013). 이 연구는 저소득층 가구의 구성원 10명을 선정하여 그들이 주관적으로 응답한 행복 점수를 기준으로 점수가 높은 집단과 낮은 집단 각 5명씩을 구분하고, 각 연구참여자들이 기술한 행복의 맥락을 분석한 뒤 통합된 맥락을 구성하였습니다. 먼저 한 사례의 분석 결과만 보면 다음과 같습니다.

> J가 부여한 행복 점수는 10점이었다. 그 이유로는, 첫째, 종교, 둘째, 환경을 들었다. 그리고 환경으로는 좋은 환경, 좋은 사람, 좋은 남편, 착한 아이들을 들었다. 이 정도로 만족한다는 것이다. 종종 인간관계에서 어려운 일들이 일어날 수 있고, 그때 마음 상태가 안 좋아지면서 혼자서 괴로울 때도 있지만 마음을 잘 조절하면 된다고 하였다.
>
> J의 행복 수준에 영향을 미치는 경험들로는 '즐거움' '의지가 됨' '책임감' '만족함' '긍정적 생각' '문화 충격' '그리움' '안타까움' '여유 없음' '어려움' '불안함' '부담감' 등이 있었다. 이러한 경험들 중에서 처음에 제시된 즐거움부터 긍정적 생각까지는 J를 행복하게 느끼도록 하는 것들인 반면에, 문화 충격부터 마지막의 부담감까지는 J를 불행하게 느끼도록 만들었다.
>
> J의 주관적 경험을 구성하도록 영향을 미친 현상들로는 가족(남편, 자녀 교육과 양육의 어려움) 영역, 지지체계(종교, 교회, 친구) 영역, 노동(강사) 영역, 환경(좋은

환경, 높은 물가, 국가의 지원, 성차별) 영역 등이 발견되었다. 이러한 현상들은 경험
에도 영향을 주지만 서로 영향을 주고받기도 한다. J가 처해 있는 상황이 그리 녹록
치 않음에도 불구하고, 즉 고물가 시대에 안정적이지 않은 직업을 갖고 있어 부담감
을 갖게 되고 여유가 없음에도 불구하고 J가 행복하다고 느끼도록 하는 주된 요인
으로는, 일 자체에 만족하고 힘든 상황임에도 긍정적으로 생각하려고 하는 태도와
함께 교회를 포함한 종교체계와 종교적 신념, 즉 신앙의 영향을 들 수 있을 것이다.

이와 같이 저소득층이 경험하는 행복의 맥락을 사례별로 살펴보

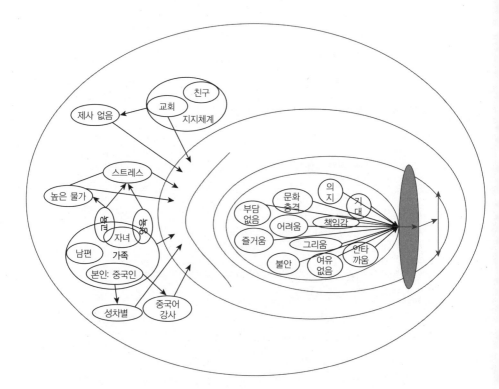

[그림 2-3] 사례 J의 행복 맥락

았습니다. 개별 연구참여자들이 부여한 행복 점수와 그 의미, 그것
에 연결된 주관적 경험들, 그리고 그 경험들과 관련된 현상들을 분
석하고, 그러한 행복과 경험, 현상이 가지고 있는 맥락 구조를 그
려 보았습니다. 이후 사례들을 개별적으로 그리고 연속적으로 분
석하고 검토하고 연결하는 과정을 통해 전체 사례들을 통합할 수
있는 맥락 구조를 구성하였습니다. 그 결과는 [그림 2-4]와 같습니
다. 이하에서는 이 연구에 제시한 행복의 맥락에 대한 기술 부분을
그대로 인용합니다.

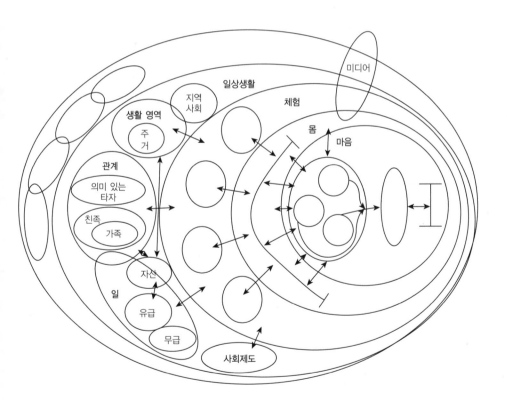

[그림 2-4] 행복의 맥락

이 그림은 개별 사례들이 보여 준 맥락을 드러내는 것이기도 하지만, 사회복지 이론과 실천의 토대가 되는 생태체계관점을 반영하는 것이기도 하다. 그림에서 동심원 구조의 가장 가운데, 그리고 오른쪽에 치우쳐 있는 작은 원은 '마음'이다. 행복과 관련하여 그 마음은 다시 세 개의 요소로 구성되어 있는데, 왼쪽에 있는 원은 인간의 마음 속에 일어나는 '인지-정서' 반응의 복합적 구조를 뜻한다. 가운데 타원은 '가치관'으로서 마음의 빛을 굴절시키는 프리즘 역할을 한다. 오른쪽의 세로선은 '행복감' 또는 행복 수준으로서 가치관을 통해 굴절된 마음이 투영되는 곳이다. 결국 각 개인이 경험하는 행복 수준은 가치관을 통해 평가된 마음의 상태라는 것이다.

마음을 둘러싼 다음 원은 '몸'이다. 몸의 중간에 있는 선은 외부 체계와 마음의 경계가 되는 감각 기관으로서 우리가 '인식'이라고 부를 만한 것이다. 몸과 마음은 직접 또는 간접으로 미시적 또는 중범위적 환경체계의 '현상'과 만나게 된다. 이러한 만남을 '인식'이라고 부를 수 있을 것이다. 달리 표현하자면, 인식 주체인 나의 마음과 몸이 인식 대상인 현상을 만나는 '인식' 작용이 일어나는 것이다. 관계와 일, 생활 영역, 사회제도 등으로 명명된 작은 원들을 포함하고 있는 큰 원이 우리가 일상생활에서 조우하게 되는 환경체계들이며, 우리와 관계를 맺는다는 조건 안에서 이들은 의미를 갖게 되고, '현상'이 된다. 인식 대상인 현상과 인식 주체인 나(마음과 몸을 포함하는)의 중간에 있는 영역을 '체험'이라고 부를 수 있다. 즉, 체험은 인식 대상인 현상과 인식 주체인 나의 상호작용으로 발생하는 어떠한 것이다. 동심원의 가장 바깥에 있는 원은 일상적인 인식의 범위를 넘어서는 거시적 또는 초월적 영역을 뜻한다. 이 연구에서는 그것이 구체적으로 무엇을 의미하는지는 다루지 않기로 한다.

다시 정리해 보면, 일과 관계, 생활 영역, 사회제도 등으로 구성된 '현상'은 마음과 몸으로 구성된 인식 주체인 '나'에 의해 인식되며, 현상과 '나'가 통하는 지점에서 '체험'이 발생한다. 그리고 이 영역들은 순환적으로, 복합적으로 연결된 맥락 구조를 가지고 있다. 현상-체험-인식-마음 순으로 영향을 미치기도 하지만, 마음-인식-체험-현상 순으로 영향을 미칠 수도 있다. 일과 관계는 생활 영역, 사회제도와 연결되어 있으며, 이는 다시 구체적인 체험과 연결되고, 마음-행복으로 이어진다.

지금까지 제시한 내용들을 구체적인 예를 들어 기술하면 다음과 같다. 어떤 저소득층 가정의 여성이 남편의 **실직**으로 **경제적인 형편**이 어려워졌고, 그 때문에 **일을 시작하게 되었다(현상)**. 이때 연구참여자는 난데없이 **세상에 내몰렸다는** 느낌을 갖게 된다. 게다가 막상 나서 보니 마땅한 일을 찾기 어려웠고, 이 때문에 무력감을 느끼게 되었다(체험). 그러면서 무능한 남편을 원망하고 처지를 비관하게 되었다. 다행히도 어린 자녀들이 잘 자라 주어서 **든든하고 희망을 품게 된다(마음)**. **돈보다는 가족이 더 중요하기에(가치관)** 이대로 좌절하기보다는 가족이 똘똘 뭉쳐 이 위기를 극복해 가야겠다고 다짐하게 된다. 그리고 열악한 현실을 바라보지 않고, 지금 가진 것, 누릴 수 있는 것, 그래도 화목한 가정을 바라보며 긍정적인 마음의 상태, 즉 **행복**을 경험하게 된다.

두 번째 연구사례는 '저소득층의 탈수급 맥락'에 대한 연구입니다(장혜진 외, 2013). 이 연구는 앞에 제시한 행복의 맥락 연구와 같은 패널 자료를 사용하였지만 다른 주제로 분석을 시도한 것입니다. [그림 2-5]에서 저소득층의 탈수급 맥락은 동심원 구조의 왼쪽 부분인 현상과 오른쪽 부분인 경험으로 구성되며, 이들은 서로 연결되어 있습니다. 또한 동심원의 가운데에 있는 결정적 요인과 그것을 둘러싼 직접 요인, 그리고 가장 바깥쪽의 간접 요인으로 구성된 다층 구조를 보여 주고 있습니다. 이 연구에서는 '현상'과 '경험'이라는 표현을 사용하였는데, 현상은 앞서 제시한 바와 같이 현재 분석틀에서 제가 '기억된 사물'로 명명한 것에 해당하며, 경험은 '의미'로 명명한 것에 해당합니다.

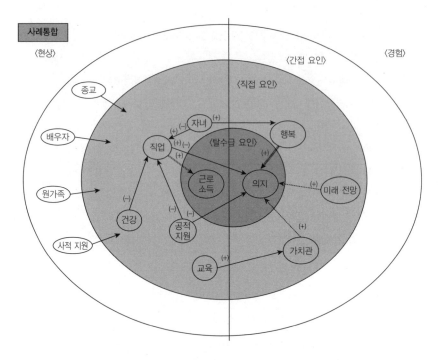

[그림 2-5] 저소득층의 탈수급 맥락

세 번째 연구사례는 '사회복지사가 경험한 이직의 맥락과 패턴'
입니다(권지성 외, 2013). [그림 2-6]에서 보는 바와 같이 하나의 그
림 안에 맥락과 패턴을 모두 통합하여 제시하고 있습니다. 그리고
이 연구에서는 '사물'과 '마음'이라는 표현을 사용하였고 사물에 해
당하는 것은 네모 상자로, 마음에 해당하는 것은 원으로 표시하였
습니다. 간단하게 말하자면, 이 연구에서는 '어떤 일이 있었다'는
사물로 이해하고, '그에 대해 어떤 생각이 들었다'는 마음으로 이해
한 것입니다.

네 번째 사례는 '사회복지사들의 시간 사용 맥락'에 대한 연구입

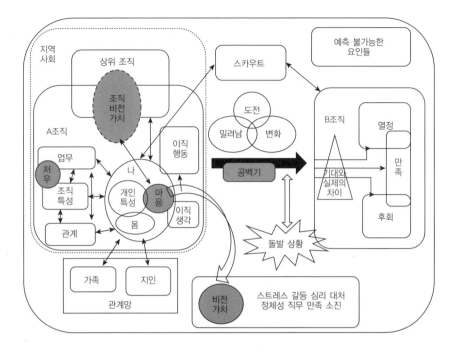

[그림 2-6] 통합된 이직의 맥락-패턴

니다(배은경 외, 2015). 이 연구의 결과로 제시된 시간 사용의 맥락
은 4개의 범주와 12개의 하위 범주로 구성되었으며, 범주는 '정해
진 시간을 넘어서게 하는 일들' '시간의 파이를 조절하는 기준들'
'초과 근로 시간의 여파' '시간 사용 변화 전략' 등으로 나타났습니
다. 그리고 이 연구에서는 사물과 의미를 별도로 구분하지는 않았
는데, '초과 근로 시간의 여파'는 주로 의미에 해당하고, 나머지 범
주들은 기억된 사물에 해당한다고 볼 수 있습니다. 그림을 중심으
로 맥락을 기술한 부분을 인용하면 다음과 같습니다.

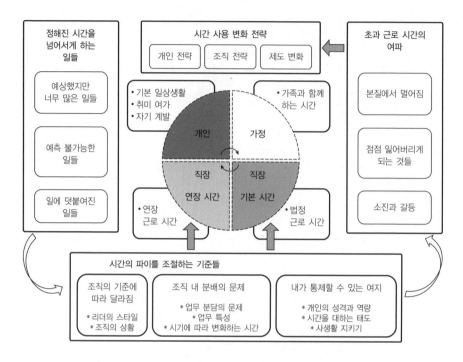

[그림 2-7] 사회복지사들이 경험한 시간 사용의 맥락

이러한 결과를 보여 주는 앞의 그림에서 가운데 원 모양은 하루 24시간으로 구성되어 있는 시간의 파이를 의미한다. 개별 사회복지사들의 시간은 가정에서 보내는 시간과 개인적인(기본 일상생활, 취미 여가, 자기 계발) 시간, 그리고 직장에서 보내는 시간들로 구성되어 있었으며, 직장에서 보내는 시간은 법정 근로 시간인 8시간과 상황에 따라 연장되는 초과 근로 시간으로 구분할 수 있었다.

왼쪽의 네모 상자는 종합사회복지관의 사회복지사들이 정해진 시간을 넘어서게 하는 일들을 포함한다. 예상했지만 너무 많은 일들과 예측 불가능한 일들, 그리고 일에 덧붙여진 일들이 근로 시간을 연장하도록 만들었으며, 이러한 일들이 밀려들 때 사회복지사들은 자신에게 주어져 있는 시간의 파이를 조절하게 된다. 이때 영항을 미치거나 관련된 요인, 조건들은 그림 아래의 네모 상자에 포함된 범주들로, 모두에게 동일하게 주어진 물리적 시간을 개별 사회복지사들이 각자 다르게 사용하는 데 영향을 미치게 된다.

종합사회복지관에 근무하는 개별 사회복지사들이 시간의 파이를 조절하는 기준은 세 가지로 나타났다. 첫째, '조직의 기준'에 따라 시간 사용이 달라질 수 있었으며, 구체적으로는 리더의 스타일과 조직의 복잡한 상황이 시간 사용에 영향을 미치고 있었다. 둘째, '조직 내 분배의 문제'로 업무 분담에 따라 정해진 시간이 달라지고, 업무 특성에 따라 시간 사용이 달라지며, 특정 시기에 따라 근로 시간이 달라지기도 하였다. 셋째, '내가 통제할 수 있는 여지'로 개인의 성격과 역량, 시간을 대하는 태도, 사생활을 지키기 위한 노력 등이 여기에 포함된다.

지금까지 살펴본 바와 같이 맥락-패턴 분석을 적용하기 시작한 첫 연구에서는 '현상'과 '경험'으로 연구참여자의 경험을 구분하다가 이후에는 '사물'과 '마음'으로 층위를 구분하였습니다. 맥락-패턴 분석임을 명시하지 않은 일부 연구에서는 사물과 의미를 별도로 구분하지 않고 하나의 구조 안에서 하위 맥락 구조들만으로 구성하기도 하였습니다. 그러나 현재의 분석틀에서는 연구참여자들의 경험을 기억된 '사물'과 그 사물에 부여된 '의미'로 크게 구분하고 있습니다.

## 4. 맥락-패턴 분석 방법

여기에서는 현재 시점에서 정리된 맥락-패턴 분석 방법을 제시하고자 합니다. 먼저 자료 분석 이전에 고려해야 할 중요한 단계로서 자료 수집 방법을 기술하고, 이후에 전반적인 분석 절차와 방법들을 기술하겠습니다.

### 1) 자료 수집 방법

분석에 앞서 있는 것은 역시 자료 수집입니다. 자료 수집 이전에 주제 선정, 연구문제 설정, 문헌 검토, 연구 설계 등의 단계를 거쳐야 하겠지만, 자료 수집 이전까지는 다른 질적 연구접근들처럼 진행해도 될 것입니다.

자료 수집에서 우선 고려해야 할 것은 연구질문입니다. 맥락과 패턴을 파악하는 것이 연구접근의 특성이므로 상세한 맥락과 패턴에 대한 진술들이 나올 수 있도록 질문할 필요가 있을 것입니다. 면접에서 처음으로 던져야 할 질문은, "현재 어떻게 지내고 계십니까?"와 "지금까지 어떻게 지내셨습니까?" 정도면 될 것입니다. 이 질문에 대한 답변을 듣고 더 구체적으로 탐색할 적에는, 맥락질문의 경우 "그때 어떤 일이 있었습니까?" "그때 어떤 생각이 드셨습니까?" "그때 그 일과 관련하여 동시에 또는 전후에 일어난 일들을 기억나는 대로 말씀해 주십시오." "그때 그러한 일련의 일들을 겪으면서 든 생각들을 기억나는 대로 말씀해 주십시오."와 같은 질문들을 던지면 될 것이고, 패턴질문의 경우 "그때 일어난 일들을 순서대로 말씀해 주십시오." "그때 일어난 일들의 특정한 단계에 따라 들었던 생각들을 기억나는 대로 말씀해 주십시오."와 같은 질문들을 하면 될 것입니다.

예를 들어, 결혼이민여성의 한국 생활 경험을 탐색한다고 가정해 봅시다. 결혼이민여성을 만나서 "요즘 어떻게 지내고 계세요? 지금까지 어떻게 지내 오셨나요?"라는 질문을 던진 뒤 생활의 전반적인 맥락과 패턴을 확인하고 나서, "본국에서 결혼이민을 추진하기로 결정하고 어떤 일이 있었습니까? 그때 어떤 생각들이 드셨나요? 결혼이민을 결심할 당시의 상황과 전후에 벌어진 일들을 말씀해 주세요. 그때 벌어진 일들을 겪으면서 들었던 생각들을 떠오르는 대로 말씀해 주세요." 등의 질문을 할 수 있을 것입니다.

개별 심층 면접의 전체적인 구조는 2~3단계로 나누어서 진행하면 될 것입니다. 단계 구분은 면접 회기에 따라 나누어질 수도 있고, 한 번의 면접으로 끝내야 할 때는 전반부와 후반부 등으로 나눌 수도 있을 것입니다. 두 번 이상의 면접을 진행한다면, 첫 번째 면접의 경우 '사실' 정보들을 확인하고 그 사실을 중심으로 기억된 '사물'의 맥락 구조를 파악하는 데 초점을 맞추면 될 것이며, 두 번째 면접의 경우 '의미'에 초점을 맞추고 그동안 경험했던 일들에 어떤 의미를 부여하고 있는지 확인하면 될 것입니다. 세 번째 면접 이후에는 지난 두 번의 면접에서 다루어지지 않았던 부분들이나 더욱 상세한 기술이 필요한 부분들을 탐색하고, '본질'에 접근하기 위해 통찰을 얻을 수 있는 질문들을 던져 볼 수 있을 것입니다.

## 2) 자료 분석 방법

자료 수집이 충분히 이루어졌다면, 즉 이른바 '포화 상태'가 되도록 자료 수집과 기초 분석의 순환 과정이 제대로 이루어졌다면, 자료 분석은 훨씬 수월해질 것입니다. 맥락-패턴 분석 과정을 구체적으로 기술하면 다음과 같습니다.

첫째, 녹음 파일, 녹취록, 메모와 노트 등을 여러 차례 반복하여 듣고 읽으면서 연구하고자 하는 현상의 전체적인 맥락과 패턴에 대한 밑그림을 그립니다. 이 작업은 머릿속에서 시작되지만 결국은 실제 그림으로 그려지는 것이 좋다고 생각됩니다. 결과적으로 그려지는 맥락과 패턴의 그림은 양적 연구의 이론적 모형이나 구조방정식 모형에서 제시되는 그림을 생각하면 쉽게 이해될 것입니다. 다만 이 첫 단계에서는 세부적인 묘사까지 이루어지는 것이 아니라 스케치 수준의 밑그림을 그려 보는 것입니다.

둘째, 녹취록 등 기록된 자료를 읽으면서 또는 녹음 파일을 천천히 들으면서 '사물'과 '의미'의 조각들을 각각 점으로 표기합니다. 여기에서 점으로 표기한다는 것은 일반적으로 질적 연구에서 말하는 '의미단위(unit of meaning)'와 비슷하다고 할 수 있습니다. 다만 이것을 점으로 표현하는 것은 이 의미단위 또는 '사물조각'과 '의미조각'들이 일반 세포처럼 경계를 맞대고 있으면서 더 큰 체계의 일부로 촘촘하게 연결되어 있는 것이 아니라, 뇌의 신경세포들처럼 독립적으로 존재하고 있음을 강조하려는 것입니다.

셋째, 사물과 의미의 조각들을 선으로 연결합니다. 첫 번째 단계에서 연구자는 맥락과 패턴의 밑그림을 그렸으므로 연구참여자의 기억에서 이끌어 낸 사물과 의미의 조각들이 어떻게 연결되어 있는지 대략 파악했을 것입니다. 이 단계에서는 자료에 몰입하여 구체적으로 사물과 의미의 조각들을 시간과 공간의 차원에서 서로 연결해 봅니다.

넷째, 점과 선들을 서로 연결하면서 일정한 시간과 공간의 경계를 가진 맥락과 패턴을 탐색합니다. 특정 시점에서 점과 선들의 연결 고리를 분석하면 맥락 구조 분석이 될 것이고, 여러 시점에 따라 점과 선들을 연결해 보면 일정한 패턴이 발견될 것입니다. 물론 단일 프로젝트에서 맥락 분석과 패턴 분석을 모두 실시하고 통합할 수도 있을 것입니다.

다섯째, 맥락과 패턴들을 모두 찾은 다음에는 맥락과 맥락, 패턴과 패턴, 맥락과 패턴을 연결하는 작업을 수행합니다. 맥락은 사물조각들의 연결 구조일 수도 있고, 의미조각들의 연결 구조일 수도 있으며, 사물과 의미가 짝을 지어 붙어 있으면서 다른 사물-의미 짝들과 연결된 구조일 수도 있을 것입니다. 이것은 연구 주제나 현상의 특성, 이론의 발전 수준에 따라 달라질 것입니다. 패턴도 마찬가지입니다. 사물조각들이 시간 순서에 따라 이어지는 패턴도 있고, 의미조각들이 시간이 흐름에 따라 일관되게 나타나거나 지속적으로 변화되면서 이어지는 패턴도 있으며, 사물과 의미가 짝을 이루어 시간이 지나면서 특정한 흐름을 보여 주는 패턴이 나타날 수 있을 것입니다.

여섯째, 연구하고자 하는 현상의 전체적인 구조 속에서 맥락과 패턴을 재배치합니다. 개별적인 사물조각과 의미조각, 그것들이 서로 연결된 하위 맥락과 패턴은 제대로 분석될 수 있지만 전체 구조 안에서 보면 적합하지 않을 수도 있습니다. 여기에서는 생태체계관점과 발달관점을 염두에 두면서 시간의 흐름과 공간의 구조를 다시 검토하는 것입니다.

　마지막으로, 맥락과 패턴의 바탕에 놓여 있는 '본질' 구조를 파악하기 위한 작업을 진행합니다. 이전 단계에서 발견된 사물과 의미 조각들이 나타나게 된 배경, 맥락과 패턴이 연구참여자들의 삶과 연구하려는 현상에 고착되도록 만든 인간과 환경의 본질 구조에 대해 사유하는 것입니다. 이것은 질적 연구에서 흔히 말하는 '통찰'을 얻는 단계입니다. 운이 따른다면, 연구자는 이러한 본질 구조를 발견할 수 있을 것입니다. 그렇지 않다면, 바로 앞의 단계에서 그동안의 탐구 과정을 마무리해야 할 것입니다.

　지금까지의 과정을 세월호 사건을 예로 들어 설명하면 다음과 같습니다. 세월호 사건의 진실을 밝히기 위해 연구자는 세월호 사건 당시의 생존자들과 유가족들, 선장과 선원, 선주 등을 포함한 가해자 집단들을 대상으로 면접을 진행할 수 있습니다. 이를 통해 배가 침몰하게 된 당시와 전후 과정의 사건들, 그리고 그 원인이 되는 일련의 사물들을 포함한 '기억된 사물'들을 확인할 수 있을 것입니다. 몇 시쯤 세월호가 급변침을 시작했고, 기울어지기 시작했으며, 바다에 잠기기 시작했는지, 그리고 그 과정 중에 선박의 안팎에서 어떤 일들이 있었는지, 또한 배가 침몰하게 된 원인으로서 화물 과적과 선박의 평형수를 빼낸 것, 알 수 없는 이유로 항로를 벗어난 것 등을 알 수 있을 것입니다. 그리고 그러한 사물들에 대해 각 당사자 집단(들)이 부여하고 있는 의미를 파악할 수 있을 것입니다. 예를 들어, 유가족들의 입장에서는 행정당국이 우왕좌왕하는 모습과 무책임함, 팽목항에서 안절부절못하며 바랐던 간절함, 임시 숙소에서 무력하게 생활했던 처절함 등을 들 수 있을 것입니다. 이후 연구자는 기억된 사물들이 서로 어떻게 연결되어 있는지 파악하고, 또한 시간의 흐름에 따라 일관되게 나타나는 생각과 행동의 패턴을 발견할 수 있을 것이며, 그러한 사물들에 당사자들이 부여하는 의미와 그것들 사이의 연결 고리, 그리고 역시 시간이 흐르면서 유가족들이 공통적으로 경험한 의미의 패턴을 찾을 수 있을 것입니다.

만약 연구자가 한 걸음 더 나아가기를 원한다면 본질을 탐구하기 위한 작업을 진행하게 될 것입니다. 즉, 사건의 당사자들 각자는 스스로 깨닫지 못하고 있지만 이 모든 일들이 벌어지게 된 근본적인 원인과 또한 당사자들의 생각과 행동에 영향을 미친 본질적 구조를 밝혀내기 위해서, 연구자는 각 연구참여자들과 당사자 집단들로부터 수집한 자료, 언론 보도와 각 전문가 집단들의 다양한 분석 결과들, 연구자가 찾아낸 새로운 자료들, 그리고 유사 사건에 대한 문헌들과 이론들을 종합하여 새로운 통찰을 얻으려 할 것입니다. 이를테면 사람보다 돈을 더 중요하게 생각하는 물질만능주의와 생명을 경시하는 풍조, 일반 사회 · 정치 집단들의 이념적 갈등, 해운조합과 선박회사, 해양경찰, 구조업체 등이 연결된 검은 네트워크 등을 발견할 수 있을 것입니다. 그리고 지금까지 밝혀진 사물과 의미, 본질이 모두 연결되어 있다는 것도 알 수 있을 것입니다.

그런데 실제로 대부분의 연구자들은 본질을 탐구하지 않거나 그것을 찾지 못하고 헤매다가 프로젝트를 마치는 경향이 있는 것으로 보입니다. 사실 많은 경우에 사회복지 연구자들이 각 연구 프로젝트에서 '본질'까지 찾기 위해 애쓸 필요는 없다는 생각이 들기도 합니다. 사회복지의 대상인 클라이언트나 국민들을 돕기 위한 지식을 필요로 한다면, 그들이 경험한 일과 그에 대해 그들이 부여한 의미, 그리고 그것들이 서로 연결된 구조를 파악하는 것만으로도 충분하지 않을까요? 즉, 결혼이민여성들이 한국으로 이주하여 살아가면서 어떤 일들을 겪었고, 그것에 어떤 의미를 부여하고 있으며, 그러한 일들과 의미들이 맥락과 패턴의 구조로 서로 연결되어 있음을 아는 것만으로도 그들을 돕는 데에 큰 도움이 될 수 있다는 것입니다.

그러나 우리 연구자들의 전문적인 지식과 경험, 역량이 필요한 영역은 연구참여자들 스스로가 알아채지 못하는 사이에 그들에게 영향을 미쳐서 그들이 경험한 사물과 의미를 구성하게 만든 더 근본적인 구조로서, '본질 구조'를 포착하는 것이라는 점을 짚고 넘어가고자 합니다. 즉, 인간 행동의 변화에 머물지 않고 사회 구조의 개혁을 원한다면, 사물과 의미 수준에서 경험을 이해하는 데서 그치지 않고 본질 구조를 포착하려는 데까지 계속해서 밀고 나아갈 필요가 있다는 것입니다. 예를 들어, 가부장제, 종교 갈등, 자본주의, 사회 계급화의 폐해와 개인주의와 문화 차이로 인한 사회 갈등 등을 발견하고 비판할 수 있을 것입니다.

## 3) 기존 질적 연구접근들과 차이

이 시점에서 아마도 독자들은 이 맥락-패턴 분석이 기존의 질적 연구접근들과 어떤 차이가 있는지 의문을 제기할 수 있을 것입니다. 따라서 아래에서는 맥락-패턴 분석과 전통적인 질적 연구접근들의 공통점과 차이점을 기술하고자 합니다.

Creswell(2015)은 질적 연구에서 가장 많이 사용되고 있는 접근들을 중심 목적 또는 초점에 따라 다음과 같이 구분하였습니다. "내러티브의 초점은 한 개인의 인생에 맞추어져 있으며, 현상학의 초점은 개념 또는 현상 그리고 그 현상에 대한 사람들의 체험의 본질이다. 근거이론의 목적이 하나의 이론을 개발하는 것인 반면에, 문화기술지의 목적은 문화 공유 집단을 기술하려는 것이다. 사례연구에서는 구체적인 사례를 검토하게 되는데, 종종 이슈의 복잡성을 보여주는 사례를 갖고 이슈를 파악하려는 목적을 가지고 있다(Creswell, 2015: 153)." 이러한 정의가 절대적인 것은 아니지만 어느 정도는 타당한 주장이라고 할 수 있을 것입니다. 따라서 그가 제시한 질적 연구접근들의 특성을 맥락-패턴 분석과 비교해 보고자 합니다.

그런데 이에 앞서 밝혀 두어야 할 것이 있습니다. 제가 맥락-패턴 분석 방법을 개발한 기본적인 의도는 기존의 질적 연구접근들에 또 하나의 대안을 제시하려는 것이 아니라, 그것들을 대체할 수 있는 새로운 대안을 제시하려는 것이었다는 점입니다. 즉, 저는 맥락-패턴 분석 방법이 최소한 사회복지학에서는 기존의 질적 연구접근들을 대부분 대신할 수 있다고 생각합니다. 이러한 목적을 전제로 하여 과연 어떠한 면에서 맥락-패턴 분석이 다른 질적 연구접근들을 대체할 수 있는지 설명하고자 합니다.

먼저 내러티브 접근은 개인(들)의 생애과정에서 나타난 이슈들을 사회와의 상호작용 안에서 파악하고자 합니다. 따라서 내러티브 접근은 시간 차원에서 일관되게 나타나는 패턴을 파악하면서도 생애과정의 각 단계에서 개인과 사회가 상호작용하는 맥락 구조를 보여줍니다. 둘째, 현상학은 특정한 현상을 경험한 사람들의 본질 구조를 파악하고자 합니다. 그런데 이러한 현상은 일정한 시점들 사이에서 발생하기 마련이며, 그것이 현상이든 경험이든 본질이든 특정한 구조를 가진 것으로 이해됩니다. 셋째, 근거이론은 현실에 근거하여 현상을 설명할 수 있는 실체이론을 개발하고자 합니다. 저자에 따라 차이가 있지만 Strauss와 Corbin의 방식을 예로 들면, '축코딩' 결과는 인과조건, 맥락조건, 중재조건, 중심현상, 전략, 결과 등으로 구성되는데, 이러한 구조 내에서 범주들은 시간 순서에 따라 배치되며, 특정 시점에서 바라보면 범주들이 서로 연결되어 있는 맥락으로 이해할 수 있습니다. 넷째, 문화기술지는 특정한 사회 집단이 공유하는 문화를 이해하고자 합니다. 문화는 그 사회 집단이 일정 기간에 구성해 놓은 인공물과 그들의 일상생활에서 나타나는 말과 행동, 그것의 토대가 되는 의미 또는 가치체계, 그리고 그러한 의미를 규정하는 근본적인 신념체계로 구분할 수 있을 것입니다. 그런데 사실 모든 문화는 현상의 다른 이름이라고 할 수 있습니다. 따라서 결국 문화기술지도 문화 현상의 맥락과 패턴을 파악하려는 것이라고 할 수 있을 것입니다. 마지막으로 사례연구는 시간과 공간의 경계를 가진 체계를 탐구하며 그 체계 내에서 경험되는 다양한 이슈들을 탐색하고자 합니다. 따라서 시간의 흐름에 따라 일관되게 또는 다양하게 나타나는 이슈들을 탐색하고자 한다면 패턴에 대한 연구라고 할 수 있고, 공간의 경계 안에서 이슈들을 분석한다면 맥락에 대한 연구라고 할 수 있을 것입니다.

앞에서 제시한 내용들을 보면, 기존의 질적 연구접근들도 모두 맥락과 패턴을 분석하는 것으로 이해할 수 있을 것입니다. 이런 점에서 맥락-패턴 분석 방법은 전통적인 질적 연구접근들과 공통점

을 가지고 있으며, 바로 이러한 이유로 대체 가능성을 가지고 있다
는 것입니다. 그러나 앞서 구체적으로 제시한 바와 같이, 연구하고
자 하는 현상을 사물-의미-본질의 층위로 명확하게 구분하여 분
석하려 한다는 점, 생태체계관점에서 개별적인 사물과 의미들을 점
으로 이해하고 이것들이 서로 연결된 맥락의 구조를 밝히려 한다는
점, 발달관점에서 일정한 기간에 연구참여자들이 경험한 사물과 의
미들이 시간 흐름에 따라 연결된 패턴을 발견하려 한다는 점, 그리
고 구체적인 분석틀과 절차, 방법을 규정하지 않고 맥락과 패턴이라
는 기본 구조 안에서 유연하게 다양한 분석을 시도할 수 있다는 점
에서 맥락-패턴 분석 방법은 다른 질적 연구접근들과 다르다고 생
각됩니다.

## 5. 소결

이 글에서 저는 사회복지 현상을 탐구하기 위한 질적 연구접근의
새로운 대안으로서 맥락-패턴 분석 방법을 소개하고 제안하였습니
다. 독자들도 느끼셨겠지만, 이 분석 방법의 설계는 현재진행형입
니다. 지금까지 다양한 사회복지 현상에 대해 전통적인 질적 연구
방법을 적용해 보고, 나름의 변칙 적용을 통해 새로운 시도도 해 보
고, 기본적인 분석 작업도 해 보면서, 또한 다른 학문들에서 이루어
지고 있는 풍부한 논의를 적용해 보면서 틈나는 대로 새로운 분석
방법을 구상해 보았습니다. 현재 시점에서는 이런 수준의 형식과
내용도 조잡하게 느껴질 수 있을 것입니다. 그럼에도 이 글을 읽는

사회복지 연구자들에게 한 번쯤은 시도해 볼 만한 접근으로 여겨지길 기대합니다. 다양한 사회복지 현상에 대한 다양한 연구자들의 시도와 연구 결과를 통합해 가면서 사회복지학의 새로운 질적 연구 접근으로서 맥락-패턴 분석 방법이 만들어져 갈 수 있기를 바라는 것입니다.

# 📖 참고문헌

강철희 · 김미옥(2003). 한국 사회복지학 연구 방법론에 대한 분석과 고찰: 질적 연구 방법의 유용성 제고를 위한 논의. 한국사회복지학, 55, 55-81.

권지성(2012). 사회복지 질적 연구접근의 재구성: 그리고, 은밀한 맥락을 찾아서. 사회복지연구, 19, 159-181.

권지성(2013). 저소득층이 경험하는 행복의 맥락. 한국사회복지학, 65(2), 53-78.

권지성(2014). '은밀한 맥락'을 찾아서: 사회복지 질적 연구를 위한 대안 접근. 사회과학연구, 38(1), 29-44.

권지성 · 박애선 · 이미선 · 이현주(2013). 사회복지사들이 경험한 이직의 맥락과 패턴. 한국사회복지학, 65(4), 195-220.

김경희 · 김기덕 · 박지영(2011). 질적 연구의 타당도 담론에 관한 탐색적 연구-주관성과 사회성의 긴장을 중심으로. 한국사회복지학, 63(2), 155-177.

김미옥(2007). 한국 사회복지학에서의 질적 연구 경험에 관한 연구: 엄격성을 중심으로. 한국사회복지학, 59(4), 163-189.

김인숙(2007). 한국 사회복지 질적 연구: 동향과 의미. 한국사회복지학, 59(1), 275-300.

김인숙(2011). 근거이론의 분기: Glaser와 Strauss의 차이를 중심으로. 사회복지연구, 42(2), 351-379.

배은경 · 조성심 · 신혜정 · 권지성(2015). 사회복지사들이 경험한 시간 사용의 맥락에 관한 질적 사례연구: 종합사회복지관을 중심으로. 한국사회복지 행정학, 17(3), 193-227.

이남인(2006). 후설의 현상학과 현대 철학. 서울: 풀빛미디어.

임해영 · 이혁구(2013). 미혼모의 입양결정 과정에 관한 연구: 해석학적 근거이론 방법 접근. 한국사회복지학, 65(3), 53-78.

장혜진 · 조윤정 · 윤진 · 권지성(2013). 저소득층의 탈수급 맥락에 대한 질적 연구. 보건사회연구, 33(2), 91-127.

Benedict, R. (1993). 문화의 패턴. (김열규 역). 서울: 까치.

Creswell, J. W. (2015). 질적 연구 방법론: 다섯 가지 접근. (조홍식 · 정선욱 · 김진숙 · 권지성 역). 서울: 학지사.

Kubler-Ross, E., & Kessler, D. (2005). 상실수업. (김소향 역). 이레.

제2부

# 맥락-패턴 분석 방법을
# 적용한 주요 논문

제3장

# 저소득층이 경험하는
# 행복의 맥락[1] [2]

권지성(침례신학대학교)

## 1. 서론

이 연구의 목적은 저소득층이 경험하는 행복의 맥락을 이해하
고자 하는 것이다. 이러한 목적을 달성하기 위하여, 이 연구에서
는 저소득층을 대상으로 한 심층 면접을 통해 수집된 패널 자료
를 분석하였다. 연구자가 이 주제에 관심을 갖게 된 배경은 다음과
같다.

첫째, 저소득층을 대상으로 한 사회복지정책과 실천의 방향성에
대한 고민 때문이었다. 빈곤은 사회복지학이 연구하고 개입해 온
가장 오래되고 포괄적인 주제이다. 또한 빈곤은 지금까지도 해결
되지 않고 있으며, 오히려 양극화로 인해 확대되고 있는 것으로 예

---

1) 권지성(2013). 저소득층이 경험하는 행복의 맥락. 한국사회복지학, 65(2): 53-78.
2) 이 논문은 2012년도 한국보건사회연구원의 연구보고서 『한국복지패널 연계 질적 연구
(2차): 빈곤층의 삶과 탈빈곤 노력을 중심으로』의 일부를 수정하고 보완한 것임.

측되는 난제 중 하나다. 산업화 이후 한국 사회는 빈곤 문제를 해결하기 위해 적지 않은 자원을 투입하고 있으나 늘 부족한 것으로 평가되어 왔으며, 그 효과(탈빈곤율과 같은)도 그리 크지 않은 것으로 보인다. 그런데 이러한 상황에서 연구자는 다음과 같은 한 가지 질문을 던지게 되었다.

'저소득층을 대상으로 한 사회복지정책과 실천의 목표가 탈빈곤인가?'

이러한 질문이 불필요하게 느껴질 수는 있겠지만, 원론적인 수준에서 종종 언급되는 헌법의 조항을 상기해 보면 그렇지 않을 수도 있다.

헌법 제10조에는 '모든 국민은 인간으로서의 존엄과 가치를 가지며, 행복을 추구할 권리를 가진다'고 했으며, 제34조에는 '모든 국민은 인간다운 생활을 할 권리를 가진다' 그리고 '국가는 사회보장·사회복지의 증진에 노력할 의무를 진다'고 했다. 다르게 표현해 보자면, 사회보장과 사회복지의 한 가지 방편으로서 사회복지정책과 실천의 목표는 국민인 저소득층의 행복을 보장해 주는 것이라고 할 수 있다. 그리고 저소득층과 주로 관련된 사회복지정책을 국민기초생활보장제도와 같은 소득보장정책이라고 규정했을 때, 이러한 정책이 저소득층의 행복을 보장하거나 증진시키고 있는가라고 물어볼 수 있다. 질문을 더욱 단순하게 만들면, '소득이 증가하면 행복해지는가?'로 바꿀 수 있을 것이다.

많은 이들이 소득이 증가하면 행복해질 것이라고 생각하겠지만, 그렇지 않을 수도 있다. 경제가 발전함에 따라 소득 증가가 행복의 전부가 아니라는 인식이 강해지면서 물질적인 풍요로움과 더불어 정신적인 삶의 질이나 행복에 대한 관심이 높아지고 있기 때문이다(황명진·심수진, 2008). 기본적인 소득 수준도 보장해 주지 못하는 상태에서 행복을 논한다는 것이 부적절해 보일 수는 있겠지만, 소득이 높아져도 행복해지지 못한다면, 소득 수준 향상에만 집중하는 정책은 실패할 수도 있는 것이다. 오히려 소득 이외에 행복과 관련된 다른 중요한 조건이나 요인들을 파악하여 그러한 조건들을 개선하는 방식을 병행하는 것이 행복을 보장하기 위한 더 나은 방법이 될 수도 있을 것이다.

이러한 문제 제기를 바탕으로 두 번째 질문이 제기되었다.

'저소득층의 행복과 관련된 다른 조건이나 요인들에는 무엇이 있으며, 그것들은 서로 어떻게 연결되어 있는가?'

사회복지의 주요 정책 대상으로서 저소득층의 행복을 보장하기 위해, 소득을 포함하여 우리가 고려해야 하는 조건들은 무엇인지 검토할 필요가 있다는 것이다. 그리고 사회복지학의 생태체계관점을 고려할 때, 이러한 조건들과 요인들이 하위 체계들로서 서로 연결되어 있고 영향을 주고받는다면, 이들에 대한 동시적, 포괄적 개입이 필요할 것이다.

정책과 실천의 필요성을 제기하는 이러한 질문들은 자연스럽게 이론적 탐구를 필요로 한다. 선행연구들을 검토해 보면, 사회복지학에서는 '행복'에 대한 연구가 거의 이루어지지 않았으며, 행복과 다른 요인들의 관계에 대한 검토도 거의 이루어지지 않았음을 발견하게 된다. 행복을 주제로 한 경우에도 행복 자체보다는 유사 개념인 삶의 질, 생활만족도 등을 측정하고, 그것과 소득 또는 다른 요인들의 관계를 규명하고자 하였다. 그리고 저소득층을 대상으로 한 대부분의 연구들은 양적 연구접근을 통해 빈곤선(이현주 외, 2006; 여유진 외, 2007; 김교성 외, 2008)이나 빈곤 실태(서병수, 2007), 빈곤의 원인과 결과, 영향 요인(석재은, 2004; 구인회, 2005; 최옥금, 2008; 이혜숙·임은하, 2009; 황정임 외, 2005; 김교성·노혜진, 2009)들을 밝히고자 하였으며, 질적 연구접근을 활용한 연구들도 저소득 층의 생애사(박혜신, 2004; 안진, 2005; 최희경, 2005; 이은주, 2009)나 주관적 경험(백학영, 2006; 정미숙, 2007; 홍백의·김혜연, 2007; 노혜 진, 2008; 이은주, 2008; 박미은·신희정, 2010) 등을 탐구하고 있기는 하지만, 그러한 상태나 요인, 경험 등의 복잡한 관계를 규명하고 있지는 않다.

이러한 상황에서 이 연구는 행복과 관련된 다양한 조건들과 요 인들이 서로 연결된 '맥락'을 파악하고자 하였다. 다시 말하자면, 이 연구의 목적은 저소득층이 경험하는 행복의 맥락을 이해하고자 하는 것이다. 이러한 목적을 달성하기 위해서 이 연구에서는 질적 연구 방법을 활용하였으며, 귀납적 접근을 통해 자료를 분석하였 다. 특히 이 연구에서는 한국보건사회연구원이 수행한「한국복지 패널 연계 질적 패널」연구에서 구축한 2011년 질적 패널 자료를 활용하였다. 이 자료는 저소득층 100가구를 대상으로 반구조화된 질문지를 활용하여 2~3회에 걸친 심층 면접을 실시함으로써 저소 득층의 생활 전반에 대한 정보들을 담고 있으므로, 연구 목적을 달 성하기에 가장 적합한 자료라고 판단하였다.

## 2. 문헌 검토

### 1) 행복의 개념에 대한 연구

행복의 개념에 대한 연구는 행복의 개념 정의에 대한 연구와 행복이라는 개념의 구성 요소들을 규명하는 연구들로 나누어 볼 수 있다. 여기에서는 먼저 전자에 해당하는 연구들을 살펴보고, 이어서 후자에 해당하는 연구들을 검토하고자 한다.

이론적인 측면에서 행복은 행복 자체로 측정될 때도 있지만, (주관적) 삶의 질, 삶의 만족도, 사회적 안녕감 등의 유사 개념으로 측정되는 경우가 더 많은 것으로 보인다. 먼저 '행복'을 살펴보면, 행복의 정의는 "행복함을 느끼고 있는 현재 상태뿐만 아니라 과거에 대한 호의적인 평가와 더불어 미래에 대한 긍정적인 전망을 포함"하며, "본질적으로 과거에 대한 성찰과 더불어 미래에 대한 전망을 모두 포함"하는 개념이고, '전반적인 삶에 대한 만족'이라고 정의할 수 있다(문진영, 2012). 이러한 행복을 측정하는 대표적인 조사로는 3점 척도를 사용하는 미국의 일반 사회 조사와 4점 척도를 사용하는 유럽 바로미터 조사, 10단계 척도를 사용하는 갤럽 조사와 독일 사회경제 패널을 들 수 있다(문진영, 2012).

행복과 관련된 개념으로서 가장 많이 사용되고 있는 '(주관적) 삶의 질[3]'은 전통적으로 상향이론과 하향이론이 대립하다가 통합되

---

3) 삶의 질 측정과 관련하여 주요 이슈가 되고 있는 문제 중의 하나는 객관적 삶의 질과 주관적 삶의 질 중에서 어느 것을 더 강조하느냐 하는 것이다. 과거에는 삶에 대한

는 경향을 보이고 있다. 상향이론에서 행복이란 삶을 구성하는 다양한 생활 영역에서 개인이 느끼는 행복과 불행의 총합으로 이루어진다고 본다. 즉, 행복한 사람은 행복한 순간과 경험을 많이 갖기 때문에 행복하다고 느끼는 것이고, 그 행복은 결혼 및 가족생활, 재정 상태, 주거 상태 등 다양한 생활 영역에서 느끼는 만족감의 총합이다. 상향이론의 입장에서는 개인이 행복감을 느낄 수 있는 객관적인 조건과 이를 통한 행복감의 경험이 삶의 질을 증진할 수 있다고 본다. 따라서 상향이론에서 주관적 삶의 질을 가장 잘 예측할 수 있는 변수는 객관적인 생활 조건들-연령, 교육 수준, 취업 여부, 소득 수준, 배우자 유무, 건강 등이다. 하향이론에서 개인은 구체적인 사건이나 상황에 대해서 긍정적 또는 부정적으로 반응하는 성격 경향을 이미 가지고 있으며, 이러한 성격 요인이 행복감을 좌우한다고 본다. 따라서 하향이론에서는 삶 속에서 일어나는 다양한 사건을 긍정적 또는 부정적 방향으로 해석하는 심리적 경향성, 즉 성격, 태도, 신념 등의 심리적 특성을 밝히는 데에 관심을 둔다. 최근에는 이들 상향이론과 하향이론을 통합하는 이론적 경향을 보이고 있는데, 이러한 통합모델에 따르면 객관적인 삶의 조건과 개인의 심리적 요인은 상호작용하여 상황에 대한 개인의 인식(해석)에 영향을 미치며, 이들 세 가지 요인들이 역동적으로 작용하여 주관적 삶의 질에 영향을 미친다고 한다(이지수, 2007).

이러한 (주관적) 삶의 질을 측정하는 방법은 연구자에 따라 다양

---

객관적 사실과 상태에 초점을 두었으나, 최근에는 객관적 측면보다 주관적 측면에 더 초점을 두는 방향으로 나가고 있다. 대부분의 연구에서는 만족, 행복, 주관적 복리, 복지를 사용하여 삶의 질의 주관적 측면을 측정하고 있는데, 이 중에서도 만족이라는 지표가 가장 많이 사용되고 있다(윤경아 · 노병일, 2005).

하게 나타나고 있다. 삶의 질로 측정하는 경우(김미령, 2006)도 있고, 삶의 만족도로 대신하는 경우(이지수, 2007)도 있다. 또한 삶의 질을 측정하는 척도들도 전반적인 삶의 만족 정도를 물어보는 경우도 있지만(김미령, 2006; 이지수, 2007), 여러 가지 삶의 영역(고용, 건강, 주거, 관계, 일상생활 등)별로 하위 척도를 만들어 구성하는 경우도 있다(윤경아·노병일, 2005). 세계보건기구 삶의 질 연구팀에서 개발한 국제적 삶의 질 측정 도구가 후자에 속한다. 이 척도는 여섯 영역으로 구성되며 25가지 측면을 포함하는데, 여섯 영역에는 신체적 건강, 심리적 건강, 독립 수준, 사회적 관계, 환경, 영성 영역(영성·종교·개인 신념)이 포함된다. 그리고 25가지 측면에는 24가지 세부 측면과 한 가지의 '전반적 삶의 질과 일반 건강'의 측면으로 구성되어 있다(윤경아·노병일, 2005; 이익섭·홍영수, 2007). 후자의 척도들이 더 포괄적이고 구체적이기는 하지만, 이들 척도는 다양한 생활 영역을 포함하고 있기 때문에 이론적인 모형을 구축하여 분석할 때는 독립변수들과 개념적으로 중복되는 문제를 가지고 있다. 예를 들어, 윤경아와 노병일(2005)의 연구에서는 신체적 건강 영역과 심리적 건강 영역, 사회적 관계 영역, 환경적 영역, 전반적 영역을 삶의 질 영역들로 포함하여 종속변수로 설정하고, 인지된 건강 상태와 음주, 알코올중독을 건강 관련 요인으로, 거주 형태와 타인의 인정을 사회 환경적 요인으로 묶은 뒤 독립변수로 설정하여 다중회귀분석을 실시하였다.

## 2) 저소득층의 행복에 영향을 미치는 요인

행복 그리고 행복과 관련된 개념들(주로 주관적 삶의 질)에 대한 정의에 따라 달라질 수 있지만, 대체로 행복에 영향을 미치는 요인들은 대상 집단의 인구사회학적 특성과 일상생활의 다양한 영역들로 구성되어 있다. 이하에서는 먼저 삶의 질 영향 요인을 분석한 연구들에서 어떠한 변수들이 검토되었는지 살펴본 뒤에 이들을 다시 정리해 보고자 한다.

장애인의 삶의 질을 분석한 이지수(2007)의 연구에서는 장애인의 삶의 질을 다룬 기존 연구에서 연령, 교육 수준, 직업 유무, 장애 등급, 건강 수준, 경제적 수준 등 객관적인 상황 조건들과 외향성, 우울, 통제소재 등 성격 요인, 사회적 지지·이동 및 접근 환경·사회 통합의 정도 및 사회적 고립감 등 사회 환경적 요인, 타인이 보는 자신에 대한 인식이나 자존감 등의 자아개념 요인 등을 분석했음을 검토한 뒤에, 객관적 조건으로 사회경제적 상태와 장애의 심각성 정도를, 성격 특성으로서 외향성과 외적 통제소재를, 상황에 대한 인식으로 자존감과 사회적 지지에 대한 인식을 선정하여 모형을 구성하고 분석하였고, 또한 젠더변수를 포함하였다. 분석 결과, 남녀 장애인 모두에서 장애의 심각성이라는 객관적 조건보다는 자존감, 사회적 지지 인식 등 상황에 대한 인식이 중요한 변수로 나타났다. 그리고 여성장애인의 경우 객관적인 사회경제적 상태와 자존감이, 남성장애인의 경우에는 사회적 지지가 더 중요한 변수인 것으로 나타났다.

전기와 후기 여성노인의 삶의 질을 탐구한 김미령(2006)은 삶의 질에 영향을 미치는 요인으로서 신체적 건강과 기능적 능력, 자긍심과 같은 개인적 요인들과 사회적 역할 수행, 사회적 지지, 경제 상태, 거주 형태, 거주 환경 등 사회 환경적 요인을 포함하였으며, 연령, 교육, 배우자 유무, 수입 등을 통제변수로 설정하여 같이 분석하였다. 연구 결과, 배우자 유무, 건강 인지, 자긍심, 사회적 지지는 유의미하게 영향을 미쳤으며, 역할 수행, 경제적 어려움과 사회 참여는 연령에 따라 상반된 영향을 미친 것으로 나타났다.

만성질환을 가진 의료 급여 수급권자를 대상으로 연구한 이익섭과 홍영수(2005)는 사회적 지원과 삶의 질의 관계를 분석하면서 성별, 연령, 질환, 거주 지역에 따른 차이를 함께 검토하였다. 분석 결과, 질환별, 거주 지역별로 차이가 있었으며, 사회적 지원은 삶의 질에 정적인 영향을 미치고, 사회적 지원과 삶의 질 간의 관계는 성별, 질환별, 거주 지역별로 차이가 있는 것으로 나타났다.

도시 노숙자를 대상으로 삶의 질 예측 요인을 분석한 윤경아와 노병일(2005)의 연구에서는 연령, 공공부조 수급, 인지된 건강 상태, 음주, 알코올중독, 거주 형태, 타인의 인정이 노숙인의 삶의 질에 유의미한 영향을 미치는 것으로 나타났다. 이 연구의 모형에는 이밖에도 성별, 학력, 근로 활동 등이 포함되어 있었다. 그런데 이 연구에서는 세계보건기구가 개발한 삶의 질 척도를 한국판으로 개정한 척도를 사용하였는데, 이 척도는 신체적 건강, 심리적 건강, 사회적 관계, 환경, 전반적 영역의 다섯 가지 하위 차원으로 구성되어 있다.

이러한 연구들과 그 선행연구들에 포함되어 분석된 변수들을 정리해 보면, 인구사회학적 특성으로는 성별, 연령, 종교, 학력, 사회

경제적 상태(SES) 등을 들 수 있고, 소득, 건강, 고용, 주거, 교육, 환경, 관계, 사회서비스 등 객관적 상태나 그것에 대한 주관적 인식이 포함되어 있으며, 심리적인 특성으로서 자아존중감이나 다양한 성격 특성 등도 고려되고 있음을 알 수 있다.

이러한 변수들 중에서 가장 지속적으로 관심을 받아온 것은 바로 '소득'이다. 즉, 소득과 행복의 관계는 대부분의 이데올로기 논쟁에서 가장 핵심적이면서 이론적 영역에서도 중요한 화두가 되어 왔다. 경제학자인 이스털린은 그러한 논쟁의 중심에 서 있다. 전통적으로 사람들은 소득이 낮을수록 자신을 불행하다고 여기고, 소득이 높을수록 행복하다고 여길 것이라고 가정해 왔다. 그런데 이스털린은 자신의 이름을 딴 '이스털린 역설'을 주장하면서 이러한 가정에 도전해 왔다. 이스털린은, ① 일정 시점에서 분석해 보면 소득이 높은 사람은 소득이 낮은 사람에 비해서 평균적으로 더 행복한 반면에, ② 시계열적인 분석을 해 보면 일정 수준 이상의 소득 이후에는 소득이 증가해도 행복의 증가는 거의 이루어지지 않거나, 매우 미미한 증가 수준을 보이고 있다고 하였다(Easterlin, 2010; 문진영, 2012에서 재인용). 이와 같이 소득과 행복의 관계가 단층적인 분석과 시계열적 분석 간에 상반된 결과를 보이는 현상을 '이스털린 역설'이라고 한다(문진영, 2012). 문진영(2012)은 이스털린(Easterlin, 1974)의 주장과 후속연구자들에 의해 이루어진 이스털린 역설에 대한 반론(Veenhoven, 1991), 그리고 그에 이어 거듭된 재반론(Esterlin, 1995; Hagerty & Veenhoven, 2003; Easterlin, 2005; Veenhoven & Hagerty, 2006; Stevenson & Wolfers, 2008; Easterlin, 2010)의 과정을 보여 주고 있다. 결론이 나지는 않았지만, 최소한

소득이 행복과 일정한 관계를 갖고 있는 것만은 사실인 것으로 보인다. 또한 그 관계가 선형적이지는 않으며, 다른 요인이나 조건들에 의해 달라질 수도 있음을 가정하게 된다. 그리고 그것들은 아마도 앞에서 언급한 미시적, 중범위적, 거시적 요인들 또는 개인, 가족, 집단, 지역사회, 국가 수준의 다양한 특성들일 것이다.

그런데 여기에서 고려해야 할 다른 한 가지 차원은, 소득은 객관적인 상태라고 볼 수 있지만 행복은 대체로 주관적인 인식이라는 것이다. 객관적인 상태라고 볼 수 있는 다양한 요인과 조건들이 서로 영향을 미치는 것만큼 주관적인 인식이나 경험들도 매우 다양하고 그것들 간에 서로 영향을 미칠 것이라고 가정한다면, 소득과 행복의 관계를 단순하게 연결하는 것도 다소 위험 부담이 따르는 무리한 접근이 아닐까 생각된다. 특히 앞서 제시한 선행연구들에서 사회적 지지에 대한 인식이나 자신의 건강 상태에 대한 인식, 자존감, 성격 특성 등을 행복의 예측 요인으로 포함하고 있다는 점을 고려하면 더욱 그러하다. 다시 정리를 해 보면, 소득과 행복이 의미 있는 관계를 가지고 있는 것은 분명해 보이지만, 소득을 둘러싼 수많은 객관적 조건들과 행복을 둘러싼 수많은 주관적 경험들이 어떻게 구성되어 있고 서로 어떻게 연결되어 있는지를 모른다면, 결국 소득과 행복의 관계도 모호한 상태로 남아 있을 수밖에 없다는 것이다. 이 연구는 이러한 난제를 해결해 보려는 시도다. 그런데 이러한 문제에 답하려면 지금까지 해 왔던 것처럼 수많은 변수들을 모형에 포함하여 분석하는 양적인 접근도 필요하지만, 현실에 기반하여 귀납적으로 자료를 분석하는 질적인 접근도 필요할 것이다. 이 연구는 후자의 접근을 시도해 보았다. 그러한 과정과 방법에 대해서는 이어서 소개할 것이다.

## 3. 연구 방법

### 1) 질적 연구

이 연구의 목적은 저소득층이 경험하는 행복의 맥락을 이해하고자 하는 것이다. 이러한 목적을 달성하기 위해서 이 연구에서는 질적 연구 방법을 활용하였는데, 그 이유는 다음과 같다.

첫째, 이 연구는 기존의 이론이나 선행연구들에 의존하기보다는 현실에 기반하여 새로운 이론을 구축하고자 하였다. 즉, 연역적 접근보다는 귀납적 접근을 시도한 것이다.

둘째, 이 연구는 선행연구들에 의해서 충분히 설명되지 않는 현상을 탐구하고자 하였다. 선행연구들을 살펴보면 행복과 그 영향 요인들에 대해서는 상당히 논의가 이루어졌지만, 그러한 요인들 간의 관계나 행복과 현상, 경험 간의 다층적 관계에 대해서는 논의가 이루어지지 못했다. 이러한 측면들은 양적 연구접근보다 질적 연구접근을 필요로 하는 것들이다. 따라서 이 연구에서는 질적 연구접근을 통해 저소득층이 경험하는 행복의 맥락을 이해하고자 하였다.

그런데 기존의 질적 연구접근들로는 이러한 과제를 해결하기도 쉽지 않다. 즉, 다양한 학문에서 전통적으로 활용해 온 현상학, 근거이론, 문화기술지, 사례연구, 생애사 등의 세부 질적 연구접근들

은 현상과 경험, 본질의 복잡한 구조에서 특정 층위의 일정 영역
들을 탐구하기 위한 전략들을 고안해 왔지만, 현상과 경험, 본질의
연결 고리를 탐구하려는 것은 아니었다. 따라서 이 연구에서는 권
지성(2012)이 제안한 '맥락-구조 분석' 전략을 활용하기로 하였다.
권지성(2012)은 사회복지학의 탐구 영역에 따라 질적 연구접근을
14가지 전략으로 재구성하였는데, 그중 맥락-구조 분석은 현상과
경험의 연결 고리와 구조를 분석하기 위한 방법이다. 그런데 이 분
석 방법에 대해 소개하기 전에 기본적인 개념들을 정리할 필요가
있을 것으로 보인다. 즉, 이 연구에서 다루고 있는 현상과 경험, 맥
락의 의미에 대한 것이다.

　김경희 외(2011)는 질적 연구의 타당도 담론에 관한 논의 과정에
서 인식 과정에 대한 그림을 제시하고 이를 설명하였는데, 그것이
도움이 될 수 있을 것이다. 이 연구에서 제시한 다음 그림을 보면
인식 주체는 자신의 '감각'을 통해 인식 대상인 '사물, 현상, 경험'
을 '경험'하게 되는데, 이러한 인식의 속성이 '주관성'이며 그 내용
은 '이해'다. 그리고 인식의 결과로서 지식 또는 발견물이 '본질'이
된다. 이러한 관계에서 이 연구의 분석 수준으로 포함된 것이 바로
현상과 경험이다. 또한 이러한 현상과 경험들이 단일한 것이 아니
라 수많은 하위 요소들로 구성되어 있으며, 이들이 서로 연결되어
있다고 가정하면 이러한 관계를 '맥락'이라고 부를 수 있을 것이다.

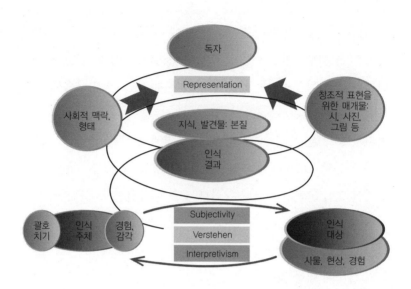

[그림 3-1] 인식 주체의 인식 대상에 대한 탐구를 통한 인식 결과물의 생성 과정

    이러한 이해를 바탕으로, 다시 맥락-구조 분석을 구체적으로 설명하면 다음과 같다. '맥락-구조 분석'은 횡단(공간) 차원 및 현상/경험에서 발견된 특정 주제의 구조에 포함된 요소들이 연속적 또는 그물망처럼 서로 어떻게 연결되어 있는지 보여 주고 기술하기 위한 방법이다(권지성, 2012). 이 방법은 크게 '수준'과 '차원'이라는 두 기준으로 나누어 살펴볼 수 있다.

    먼저, '수준'은 '현상'과 '경험' 수준에 따라 분석하여 요인을 찾아내는데, '현상'은 감각 기관을 통해 인식한 것으로 말과 행동, 인공물 또는 일화들이며, 이것은 흔히 육하원칙의 형식으로 표현될 수 있는 것이다. '경험'은 인식 주체(연구참여자)인 자신이 인식한 현상에 마음으로 반응하는 것이라고 할 수 있다.

    다음으로, '차원'은 시간과 공간 차원으로 구분되는데, 맥락-구

3. 연구 방법 107

조 분석에서는 횡단(공간) 차원을 고려하여 분석한다. 현재 시점에서 현상을 분류하거나 경험의 구조를 분석하는 것 또는 과거를 회상하면서 과거에 인식한 현상이나 경험을 범주화하는 것이다. 이 분석 방법을 실제로 이 연구에서 어떻게 적용했는지는 다음 '자료 분석 방법' 부분에 제시할 것이다.

## 2) 연구참여자

이 연구의 참여자는 「2011년 한국복지패널 연계 질적 패널」에 포함된 100가구 중 저소득층 일반가정 10가구다. 패널의 목록과 연구참여자 특성들을 검토한 뒤, 노인이나 장애인가구, 한부모가구는 제외하였으며, 나머지 일반가구 중에서 연구질문 중 하나인 '행복 점수(가장 불행한 상태를 1점, 가장 행복한 상태를 10점으로 측정)'에 극단적으로 응답한 두 개 집단(8~10점 상위 집단과 1~3점 하위 집단)을 분리한 뒤, 각 집단에 포함된 사례 중 5가구씩 추출하여 분석하였다. 이렇게 한 이유는 먼저 연구참여자들의 동질성을 확보한 뒤에 그 안에서 다양성을 파악하려 하였기 때문이다.[4] 또한 행복하게 느끼는 사람과 불행하게 느끼는 사람의 맥락 차이를 파악하기 위해서는 극단적인 사례들을 선정하여 비교하는 것이 더 적절할 것이라 판단하였기 때문이다. 결과적으로 이 연구에 참여한 저소득층은 대부분 부부와 그 자녀(들)로 구성된 2세대 가구들

---

4) 노인이나 장애인가구, 한부모가구의 경우 연령이나 장애, 가족 구조의 특성이 다른 사회적 이슈들과 관련되어 있고, 그래서 서로 다른 맥락 구조를 가지고 있을 수 있기 때문에 하나의 연구 안에 담아내기는 어렵다고 판단하였다.

이었으며, 모두 차상위 계층 이하의 저소득가구들이었다.

### 3) 자료 수집 방법

이 연구에서는 「한국복지패널 연계 질적 패널 연구」의 2011년 1차 조사에서 수집한 질적 자료들을 활용하였다. 이 조사에서 활용한 자료 수집 방법은 심층 면접이었다. 주로 사회복지학을 전공하는 대학원생들로 구성된 조사원 팀이 패널 가구들의 가정을 개별 방문하였으며, 반구조화된 질문지를 활용하여 2~3회 면접을 수행하였다. 모든 면접은 연구참여 가구들의 동의를 얻은 뒤 녹음하였다.

「한국복지패널 연계 질적 패널 연구」의 조사 영역은 크게 6가지 영역으로 구성되어 있는데, 여기에는 근로, 빈곤과 탈수급 관련 특성, 가족, 생활 습관과 가족 관계 및 정신 건강, 생활 실태 만족과 의식, 인구 특성별 가구원(여성, 아동/청소년, 청소년(중고생), 노인, 장애인) 조사가 포함된다. 이 연구에서는 생활 실태 만족과 의식 부분을 중심으로, 근로, 빈곤과 탈수급, 가족, 생활 습관, 가족 관계, 정신 건강 등의 영역에서 수집된 자료들을 활용하였다.

### 4) 자료 분석 방법

앞서 제시한 바와 같이, 이 연구에서는 권지성(2012)의 맥락-구조 분석을 시도하였다. 구체적으로, 이 연구에서 활용한 자료 분석 방법은 다음과 같다. 먼저 행복 점수를 기준으로 하여 점수가 높은

5사례와 점수가 낮은 5사례를 선정한 뒤, 각 사례의 녹취록 전체를 읽으면서 개별 연구참여자들의 구체적인 현상과 경험들을 의미단위 수준에서 가려냈다. 처음에는 다섯 번째 영역인 '생활 실태 만족 및 의식'에 포함된 행복 요인들을 중심으로 행복의 조건들을 파악하였으며, 그리고 나서는 전체 영역으로 범위를 넓혀 구체적인 현상과 경험들을 분석하였고, 이후에 이러한 현상과 경험들이 서로 어떻게 연결되어 있는지 확인하였다. 이후에는 그림을 그려 가면서 현상과 경험들의 맥락을 보여 주는 도식을 만들고자 하였다. 이런 식으로 각 사례의 맥락을 분석한 뒤에 전체 사례를 통합하는 맥락 구조를 구성하였다. 이러한 과정을 거쳐 자료를 분석한 결과, 이하에 제시할 연구 결과가 나타났다.

## 4. 연구 결과

### 1) 사례별 맥락

#### (1) 낮은 수준의 행복
#### ① 사례 A
A의 주관적인 행복 점수는 1점이었다. 그는 행복을 느껴 본 적이 없으며 그냥 사는 것이라고 했다. 아름다운 것을 보는 순간들이 행복하지만, 지금은 다 포기하고 마음을 비워서 불행하다는 생각도 안 한다고 하였다. 불행하게 만드는 것으로는 '남편'을 들었다. 혼자 살고 싶고, 혼자 편안하게 사는 것이 행복이며, 일을 할 수는

없지만 쪼들리지 않게 편하게 살고 싶다고 하였다.

A의 경험에서 행복 수준에 영향을 미치는 것으로는 '지침' '부담감' '무망감' '분노' '뿌듯함' '즐거움' '소외감' '위화감' 등이 발견되었다. 다시 정리하면, 행복하게 느끼도록 하는 경험으로는 뿌듯함과 즐거움이 있었으며, 불행하게 느끼도록 하는 경험으로는 지침, 부담감, 무망감, 분노, 소외감, 위화감이 있었다.

A의 경험은 A가 인식한 현상의 영향을 받는다. A에게 부정적 경험으로 인식되는 것으로는 노동(휴일 없음과 고됨, 손님에게 시달림,

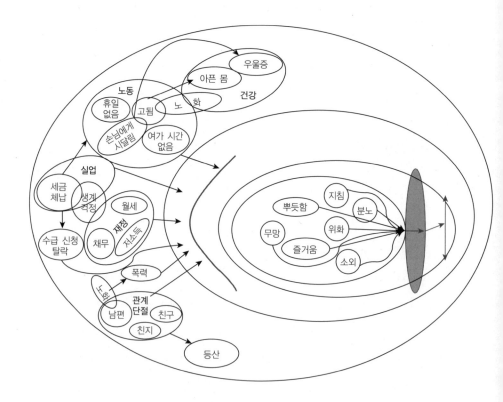

[그림 3-2] 사례 A의 행복 맥락

여가 시간 없음) 영역과 고용(남편의 실직) 영역, 재정(저소득, 세금 체납, 생계 걱정, 월세와 연금에 대한 고정 지출, 채무, 고물가) 영역, 관계(남편과 친지, 친구와 관계 단절, 남편의 폭력) 영역, 건강(아픈 몸, 우울증, 본인과 남편의 노화) 영역의 구체적인 현상들이 있었다. 긍정적 경험으로 인식될 만한 현상은 없었다. 이러한 현상들은 서로 연결되어 있다. 즉, 남편의 실직은 경제적 어려움을 초래하고, 이는 남편과 관계 단절을 포함한 가정불화의 원인이 되며, 여기에서 파생된 남편의 폭력은 우울증을 유발하고, 이는 본인의 고된 노동과 연결되면서 마음을 지치게 한다.

② 사례 B

B의 행복 점수는 3점이었다. 아이들이 행복의 요인이라고 하였는데, 그것은 아이들이 부모를 이해해 주기 때문이다. 또한 나를 불행하게 만드는 건 나 자신이기 때문에 '내가 똑바로 해야' 하고, 내가 노력해야 행복해질 수 있다고 하였다.

B의 경험에서 행복에 영향을 미치는 것으로는 '자신감' '희망' '의지됨' '무한함' '소중함' '창피함' '비관적' '답답함' 등이 있었다. 이 중에서 긍정적인 경험으로는 자신감과 희망, 의지됨, 무한함, 소중함 등이 있었으며, 부정적인 경험으로는 창피함, 비관적, 답답함 등을 들 수 있다.

이러한 경험들은 B가 인식한 현상의 영향을 받는다. B가 인식한 현상에는 근로(맞벌이, 실업) 영역, 재정(생활고, 교육비) 영역, 가족(부부, 자녀) 영역, 지지체계(친구, 시댁, 친정) 영역, 건강(알코올, 스트레스) 등이 포함되었다.

이러한 현상의 다양한 영역들은 서로 연결되어 있을 뿐만 아니라 B의 다양한 경험에도 서로 다른 영향을 주고 있다. 남편의 '실업'은 '생활고'로 이어지고, '맞벌이'를 하면서 남편의 '알코올' 문제와 겹쳐 부부간에 의견 충돌이 생기고, 그것이 답답함과 비관주의를 경험하게 하는 것이다. 그런데 B가 인식한 현상 중에서는 긍정적인 측면들을 찾아보기가 어려웠다.

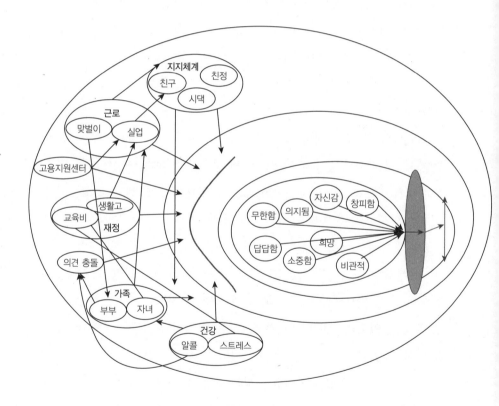

[그림 3-3] 사례 B의 행복 맥락

③ 사례 C

C의 주관적인 행복 점수는 3~4점 정도였다. 그러면서 항상 참는 것이라고 했다. 농담하고 웃고 즐길 때는 행복하지만, 일을 할 때, 몸이 힘들어서 술을 많이 마실 때 짜증스럽다고 하였다. 자신을 행복하게 하는 요인으로는 가족의 건강함을 들었다.

C의 경험에서 행복에 영향을 미치는 것으로는 '외로움' '분노(못마땅함과 분통 터짐)' '다행스러움' '단조로움' '부정적인 미래 전망(염려, 불쌍함)' '안타까움' 등이 있었다. 이러한 경험 중에서 행복하게

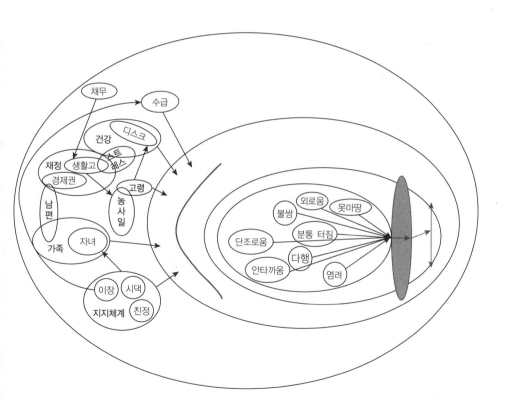

[그림 3-4] 사례 C의 행복 맥락

느끼도록 하는 것으로는 다행스러움이 있었으며, 나머지 경험들은 불행하게 느끼도록 하는 것들이었다.

C의 경험에 영향을 주는 것으로서 C가 인식한 현상들은 대체로 부정적인 것들이었다. 재정(생활고와 경제권 없음, 채무, 국가 지원), 노동(농사 일), 가족(남편이 돈을 관리함, 자녀의 무직, 시댁과 갈등), 건강(고령, 허리 디스크, 스트레스) 등이 모두 부정적으로 작용한다. 그리고 지역사회(인접한 병원이 없음, 젊은이들이 취로사업을 차지함)의 상황들이 이를 더욱 가중시킨다. 그러나 과거에 수급 경험이 자녀 등록금 지원으로 이어진 일이나 울타리로 느껴지는 가족, 남편과 관계 회복, 소를 사 준 시동생, 수급 신청을 도와준 이장, 집을 장만하게 된 일 등은 긍정적으로 영향을 미친다.

④ 사례 D

D의 행복 점수는 0이었다. 아이를 빼놓으면 정말 행복할 것이 없다고 하였다. 그래도 더 탐색해 보면, 형제간 우애로 교류할 때, 시누이들과 만났을 때도 행복하다고 하였다. 반대로 자신을 불행하게 하는 것으로 가장 큰 것은 남편과의 관계였다. 남편의 잘못된 마음. 행복해지려면 남편의 의식이 변화되어야 한다고 하였다.

D의 경험에서 행복 수준에 영향을 미치는 것으로는 '화목하지 않음' '절실함' '외로움' '다행스러움' '힘듦(지침과 불만)' '자신감 없음' '뿌듯함' '애틋함' '긍정적 기대' 등이 있었다. 이 중에서 다행스러움과 그로 인한 긍정적 기대, 뿌듯함은 행복감을 느끼는 데 기여하고, 다른 경험들은 대부분 불행하게 느끼도록 하는 데 기여하는 것으로 보인다. 그러나 화목하지 않은 상태가 '따뜻한 가족'을 절

실하게 필요하게 하고, 이것이 다시 행복과 연결된다는 점, 그리고 남편의 빚보증으로 고생했지만, 그 때문에 더 이상 돈을 못 빌려주게 되었고, 그것을 다행스럽게 느끼면서 미래에 대한 긍정적 기대를 하게 되었다는 점을 고려할 때, 이러한 경험들의 관계가 단순해 보이지는 않는다.

D의 경험을 유발하는 것으로서 D가 인식한 현상들로는 가족(일을 도와주지 않고, 자녀와 놀아 주지도 않으며, 이기적이고 독선적이며, 보증을 서서 빚더미에 앉게 만든 남편과 갈등, 임신 중독과 건강 악화를

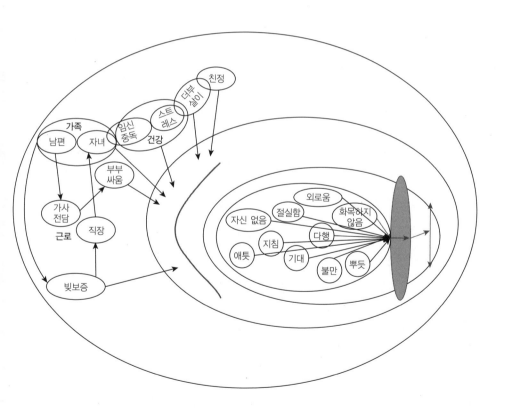

[그림 3-5] 사례 D의 행복 맥락

초래한 자녀) 영역, 지지체계(자녀를 돌봐 주는 언니, 얹혀삶, 도움을 주
는 시댁과 친정 언니) 영역, 노동(자녀를 돌볼 시간과 여력이 없게 하는
직장) 영역, 건강(건강 악화, 스트레스) 영역들이 있었으며, 사각지대
를 지원하지 않는 국가제도도 부정적으로 작용하였다. D의 현상
에서는 긍정적으로 경험될 만한 것을 찾아보기가 힘들었다.

⑤ 사례 E

사례 E의 행복 점수는 2점이었다. 전반적으로는 어려운 상황이
지만 그나마 다행이다 싶은 것들이 있어서 2점을 주었다고 하였
다. 마음이 편하지 않고 항상 불안하다고 하였다. 먹고사는 문제가
역시 가장 크다.

E의 행복 수준과 관련된 경험들로는 '뿌듯함' '살 만함' '즐거움'
'지침' '맘이 조임' '징글징글함' '불안' '힘듦' '걱정' 등이 있었다. 전
반적으로 볼 때 긍정적인 경험들보다는 부정적인 경험들이 더 많
다는 것을 알 수 있고, 부정적인 경험들이 상당히 극단적인 수준을
표현하는 반면에, 긍정적인 경험들은 소극적으로 표현되고 있음을
발견하게 된다. 즉, 경험의 영역에서 부정적인 것들이 주류를 이루
고 있기 때문에 행복을 느낄 여지가 적어지는 것으로 보인다.

이러한 경험에 영향을 미치는 것으로서 E가 인식한 현상들로는
가족(남편의 술과 폭력, 장애자녀, 손자녀), 지지체계(동네 사람, 시숙),
교육(문맹, 노인학교), 건강(스트레스, 피곤), 일(머슴살이, 논밭 일), 재
정(생활비 부족, 손자녀 교육비) 등이 있었다. E가 인식한 현상들을
둘러보아도 대부분의 영역들이 부정적인 것들로 채워져 있음을 파
악하게 된다. 늘 술을 마시는 남편은 폭력까지 휘두르고, 장애자녀

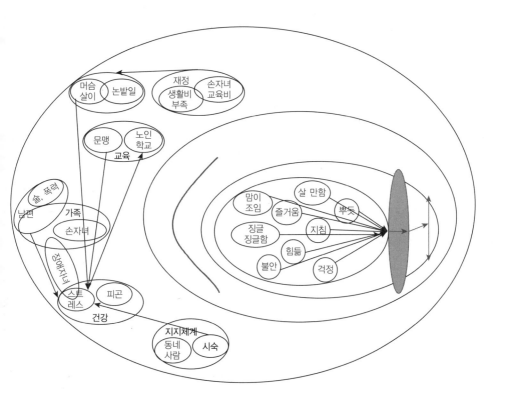

[그림 3-6] 사례 E의 행복 맥락

와 함께 스트레스원이 되며, 문맹으로 할 줄 아는 것이라고는 논밭일 밖에 없어서 생활비도 부족하고 늘 피곤하다. 손자녀 교육비도 제대로 대기 어려운 형편이다. 그나마 손자녀와 자신을 돕는 동네사람들, 시숙 정도가 살아가는 데 위안이 되는 존재들이다. 이러한 현상의 영역들은 역시 서로 연결되어 있고, E의 주관적 경험에도 다양한 경로로 영향을 미친다.

## (2) 높은 수준의 행복

### ① 사례 F

F의 행복 점수는 7~8점이었다. 가족 관계는 100% 만족하지만 친인척들이 불행하게 만든다고 하였다. 하루 종일 가족과 놀아도 행복할 것이라고 하였다. 즉, 가족이 가장 중요하다는 것이다. 또한 항상 로또를 꿈꾸고 있으며, 경제적으로 더 여유가 있으면 좋겠다고 하였다.

F의 경험 중 행복 수준에 영향을 미치는 것으로는 '부러움' '외로움' '자녀에 대한 희망' '긍정적 기대' '아쉬움' '품위 유지를 못함' '여유롭지 못함' '만족함' '창피함' 등이 있었다. 이러한 경험들 중에서 부정적인 것들로는 부러움, 외로움, 아쉬움, 품위 유지를 못함, 여유롭지 못함, 창피함을 들 수 있고, 긍정적인 것들로는 자녀에 대한 희망, 긍정적 기대, 만족함 등을 들 수 있을 것이다. 이러한 경험들은 모두 F가 인식한 현상들과 연결되어 있으며, 서로 엮여 있기도 하다.

F가 인식한 현상을 분류해 보면, 가족(남편과 자녀) 영역, 관계(시댁, 친정, 유치원 엄마들) 영역, 건강(우울증) 영역, 노동(직장 체험, 경매, 공공근로, 여가 없음) 영역, 재정(생활고, 채무, 교육비, 영어 교육, 고물차, 국비 지원) 영역 등으로 구성된다. 이러한 영역과 현상들은 F의 경험에 긍정적 영향을 주기도 하고, 부정적 영향을 주기도 한다. 그런데 사실 자녀와 남편, 공공근로를 제외하고는 긍정적으로 경험될 만한 현상이 거의 없었다. 생활고에 시달리는 재정 상태는 창피함과 품위 유지 못 함을 경험하게 하며, 다른 유치원 엄마들을 부러워하게 하고, 이는 다시 외로움을 느끼게 한다. 그럼에도 F가

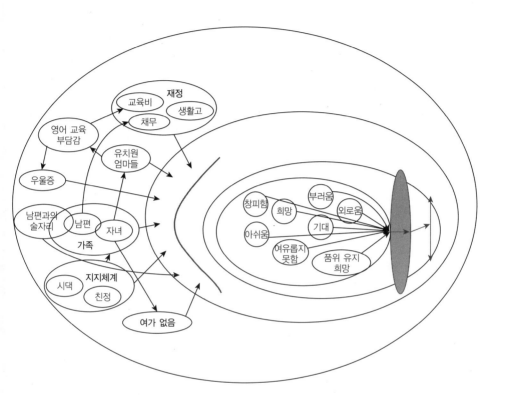

[그림 3-7] 사례 F의 행복 맥락

행복하게 느끼는 이유는 가족에 대해 만족스러워하기 때문이다.

② 사례 G

G의 행복 점수는 8점이었다. 10점에 부족한 2점은 경제적 문제라고 하였으며, 두루두루 좋은 것이 행복이라고 하였다. 경제적인 것만 있으면 더 행복해질 것 같다고 하였다. 가끔 날씨 때문에 우울할 때가 있고, 자신의 처지를 돌아보며 심리적으로 위축될 때가

있지만 긍정적으로 생각하려고 노력하며, 남편은 자기가 젊으니 믿으라고 한다고 하였다. 남편이 하고 싶은 일을 찾아서 시작하고, 잘되기를 바라고 있다.

G의 경험에서 행복에 영향을 미치는 것들로는 '안정감(홀가분함, 편안함)' '화목함(애정, 만족)' '희망(정서 안정, 경제 안정, 잘되리란 믿음)' '애틋함'을 볼 수 있었다. 앞서 살펴본 사례들과는 달리, 이 사례에서 부정적인 경험은 찾아볼 수가 없다.

이러한 차이를 만들어 내는 가장 중요한 요인은 '가족'인 것으로

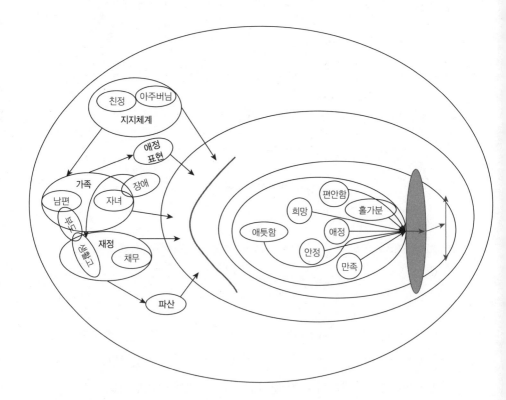

[그림 3-8] 사례 G의 행복 맥락

보인다. 미숙아로 태어난 자녀를 돌보는 일과 과다한 의료비, 그리고 남편 사업의 부도와 채무, 파산으로 친정으로부터 경제적 도움을 받아야 했고, 남편 친구들한테는 빚잔치를 해야 하는 상황이 되었지만 가족 관계에는 변함이 없었다. 남편과 가족, 친정 식구들은 늘 내 편이면서 위로와 격려가 되었고, 아주버님은 빚을 해결하는 데 도움을 주기도 했다. 가난해진 대신 절약을 생활화하면서 오히려 부부 관계가 돈독해지기도 했다. 국가의 도움으로 파산에서 회생하면서 홀가분해지고 안정되면서 더 화목한 가정을 이루어 갈 수 있었다. 미숙아로 태어나긴 했지만 무병 무탈한 아이도 이러한 긍정적 경험에 한몫을 한다. 재정적인 어려움이 화목함이나 희망을 가지는 데 방해 요인이 되기도 하지만, 전반적으로는 그것을 압도할 만한 긍정적인 경험들이 있는 것이다.

③ 사례 H

H의 행복 점수는 8점이었다. 가족과 같이하는 것이 가장 큰 행복이며, 경제적인 것이 부족한 2점에 해당한다. 아웃과 마음을 열고 소통하는 삶을 바라며, 지금보다 더 행복해지기를 바란다.

H의 행복과 관련된 경험으로는 '원동력' '뿌듯함' '안타까움' '기대' '답답함' '동병상련' '살가움' '고마움' 등이 발견되었다. 이러한 경험들의 대부분은 H로 하여금 행복을 느끼게 해 준다. 그중에서도 핵심적인 경험은 자녀들이 잘 성장하는 데서 느끼는 뿌듯함과 친정과 시댁을 만날 때 느끼는 살가움과 고마움, 서로 보듬어 주는 가족 등이다. 그러나 다람쥐 쳇바퀴 도는 듯한 일상에서 느끼는 답답함과 자녀에게 충분한 교육을 시켜 주지 못하는 데서 느끼는 안

타까움은 행복 수준을 낮게 만들어 준다. 그래도 자녀에 대한 긍정적 기대는 긍정적 생각을 갖게 해 주어 행복한 마음에 이르게 한다. 형편은 어렵지만 그 때문에 자신과 같이 어려운 사람을 돕고 싶은 '동병상련'의 마음을 갖게 되며, 그런 이웃을 도울 때 뿌듯한 느낌을 갖게 되기도 한다.

H가 인식한 현상들이 이러한 경험에 영향을 미치게 된다. 부정적인 영향을 미치는 대표적인 현상은 역시 생활고와 체납을 포함한 재정 상태다. 이 때문에 일을 해야 하는데, 노화로 인해 힘에 부친

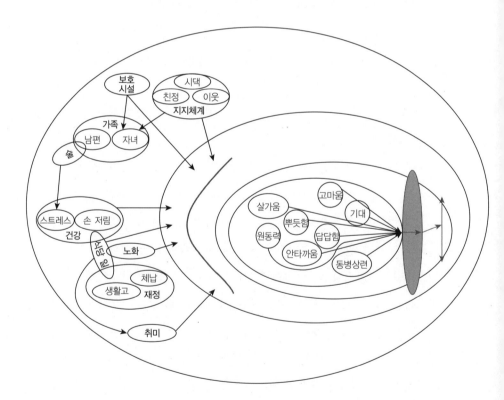

[그림 3-9] 사례 H의 행복 맥락

것으로 느껴진다. 가정일에 무심하고 술만 늘어 가는 남편 때문에 스트레스를 받고, 이것이 노화를 촉진하기도 한다. 그러나 자녀들이 잘 성장하면서 뿌듯함을 느끼고, 살아가는 원동력이 되기도 한다. 친정, 시댁, 이웃들은 든든한 지지체계로서 물질적, 정서적 도움을 통해 긍정적인 경험을 하도록 해 준다. 손이 저려서 장애자녀를 돌보기가 어렵지만 보호시설의 도움을 받을 수 있으니 괜찮다.

④ 사례 I

I의 행복 점수는 7~8점이었다. 실제로 그런지는 모르겠지만, 자신을 그 위치로 생각하고 싶다고 하였다. 그 밑으로 잡으면 끈을 놓는 것이라고 생각하기 때문이다. 나보다 더 못한 사람, 더 나쁜 상황도 있기 때문에 마음을 비우고, 지금 이 정도라도 고맙게 생각하려 한다. 부담도 되지만 고맙기도 하고 의지도 되는 아이들 때문에 행복하다. 필요한 것은 많지만 큰돈을 원하는 것은 아니며, 가족이 불편함 없이 손 벌리지 않을 정도면 되겠다.

I의 행복 수준에 영향을 미치는 주관적 경험으로는 '분노' '속상함(원망, 충격)' '고마움(성숙, 뿌듯함)' '안정(부담 없음, 만족함)' '안타까움(미안함, 적응 안 됨)' '적응 유연성(긍정적 기대, 화목)' '배려' 등이 나타났다. 이 중에서 행복하게 느끼도록 하는 경험으로는 고마움, 안정, 적응 유연성, 배려 등이 있고, 불행하게 느끼도록 하는 요인으로는 속상함, 안타까움, 분노 등이 있다. I의 경우 불행 요인보다 행복 요인이 풍부하고 다양하다는 것을 알 수 있으며, 이것이 많은 부정적 경험에도 불구하고 비교적 높은 점수를 부여하게 한 요인이 된 것으로 보인다.

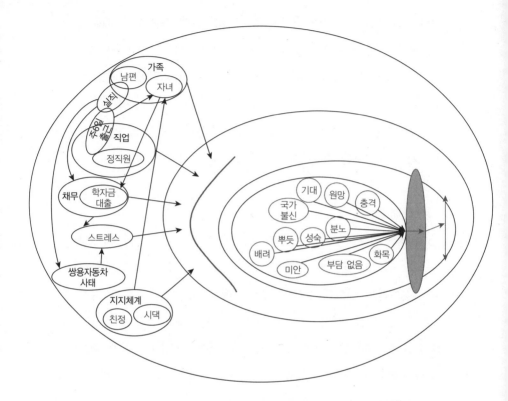

[그림 3-10] 사례 I의 행복 맥락

I의 경험에 영향을 미친 현상들로는 가족(남편, 자녀), 지지체계 (친정, 시댁), 노동(남편 비정규직 해고, 정직원, 주6일 출근), 건강(피곤함, 스트레스), 재정(채무, 수급, 학자금) 등이 있었다. 이러한 현상들 중에서 주관적 경험에 긍정적 영향을 미치는 것은 정직원이 됨과 친정과 시댁 등 지지체계, 자녀밖에 없었다. 지지체계는 힘들 때 도움이 되고 다독여 주고 이해해 주었으며, 자녀는 살아가게 하는 원동력이 되었다. 직장의 정직원이 된 것은 안정된 생활을 가능하

게 했다. 이러한 현상들은 남편의 실직과 채무, 어쩔 수 없이 일하게 됨, 피곤함과 스트레스, 수급자가 됨, 자녀 교육 등 부정적 경험들을 넘어서는 힘이 되었다.

⑤ 사례 J

J가 부여한 행복 점수는 10점이었다. 그 이유로는, 첫째로 종교, 둘째로 환경을 들었다. 그리고 환경으로는 좋은 환경, 좋은 사람, 좋은 남편, 착한 아이들을 들었다. 이 정도로 만족한다는 것이다. 종종 인간관계에서 어려운 일들이 일어날 수 있고, 그때 마음 상태가 안 좋아지면서 혼자서 괴로울 때도 있지만, 마음을 잘 조절하면 된다고 하였다.

J의 행복 수준에 영향을 미치는 경험들로는 '즐거움' '의지가 됨' '책임감' '만족함' '긍정적 생각' '문화 충격' '그리움' '안타까움' '여유 없음' '어려움' '불안함' '부담감' 등이 있었다. 이러한 경험들 중에서 처음에 제시된 즐거움부터 긍정적 생각까지는 J를 행복하게 느끼도록 하는 것들인 반면에, 문화 충격부터 마지막의 부담감까지는 J를 불행하게 느끼도록 만들었다.

J의 주관적 경험을 구성하도록 영향을 미친 현상들로는 가족(남편, 자녀 교육과 양육의 어려움) 영역, 지지체계(종교, 교회, 친구) 영역, 노동(강사) 영역, 환경(좋은 환경, 높은 물가, 국가 지원, 성차별) 영역 등이 발견되었다. 이러한 현상들은 경험에도 영향을 주지만 서로 영향을 주고받기도 한다. J가 처해 있는 상황이 그리 녹록치 않음에도 불구하고, 즉 고물가 시대에 안정적이지 않은 직업을 갖고 있어 부담감을 갖게 되고 여유가 없음에도 불구하고 J가 행복하다

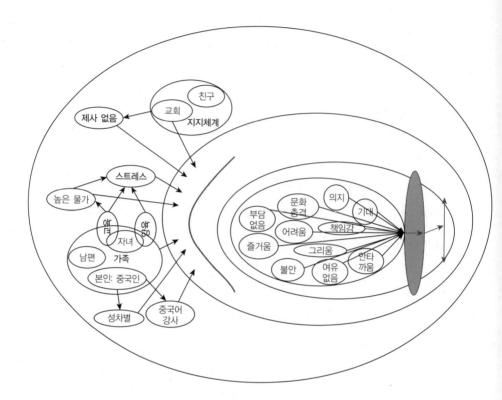

[그림 3-11] 사례 J의 행복 맥락

고 느끼도록 하는 주된 요인으로는, 일 자체에 만족하고 힘든 상황
임에도 긍정적으로 생각하려고 하는 태도와 함께 교회를 포함한
종교체계와 종교적 신념, 즉 신앙의 영향을 들 수 있을 것이다.

## 2) 통합된 맥락

지금까지 저소득층이 경험하는 행복의 맥락을 사례별로 살펴보앗다. 개별 연구참여자들이 부여한 행복 점수와 그 의미, 그것에 연결된 주관적 경험들, 그리고 그 경험들과 관련된 현상들을 분석하고 그러한 행복과 경험, 현상이 가지고 있는 맥락 구조를 그려 보았다. 사례들을 개별적으로, 그리고 연속적으로 분석하고 검토하고 연결하는 과정을 통해 연구자는 전체 사례들을 통합할 수 있는 맥락 구조를 구성해 보았다. 그 결과는 [그림 3-12]와 같다.

　이 그림은 개별 사례들이 보여 준 맥락을 드러내는 것이기도 하지만, 사회복지이론과 실천의 토대가 되는 생태체계관점을 반영

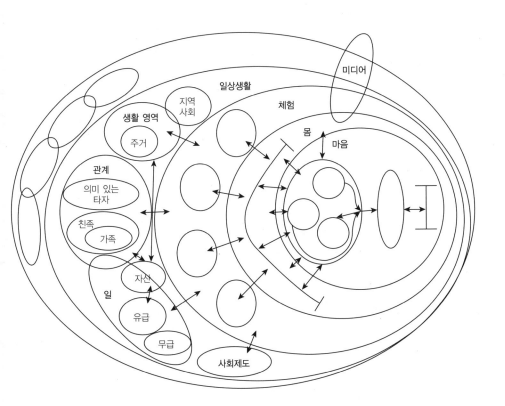

[그림 3-12] 행복의 맥락

하는 것이기도 하다. 그림에서 동심원 구조의 가장 가운데, 그리고 오른쪽에 치우쳐 있는 작은 원은 '마음'이다. 행복과 관련하여 그 마음은 다시 세 개의 요소로 구성되어 있는데, 왼쪽에 있는 원은 인간의 마음속에 일어나는 '인지-정서' 반응의 복합적 구조를 뜻한다. 가운데 타원은 '가치관'으로서 마음의 빛을 굴절시키는 프리즘 역할을 한다. 오른쪽의 세로선은 '행복감' 또는 행복 수준으로서 가치관을 통해 굴절된 마음이 투영되는 곳이다. 결국 각 개인이 경험하는 행복 수준은 가치관을 통해 평가된 마음의 상태라는 것이다.

앞에서 언급한 개념들 중에서 이 연구에서 새롭게 발견된 사실은 현상이나 경험과 행복의 사이에 무언가가 있다는 사실이다. 이 연구에서는 우선 그것을 '가치관'으로 부르기로 했다. 가치관이란 '가치에 대한 관점으로서, 인간이 자기를 포함한 세계나 그 속의 사상(事象)에 대하여 가지는 평가의 근본적 태도'이다(국립국어원 표준국어대사전). 개별 사례들을 분석하고 비교하면서, 동일한 현상에 대해 연구참여자들이 저마다 다르게 경험하기도 하고, 정반대의 현상에 대해 연구참여자들이 동일하게 경험하고 있음을 발견하게 되었다. 또한 부정적 경험이 많음에도 단 하나의 긍정적 경험 때문에 행복 수준이 높은 경우가 있는 반면에, 많은 긍정적 경험들이 있음에도 한 가지 부정적 경험 때문에 행복 수준이 낮아지는 경우도 있었다. 이러한 차이를 만들어 내는 것은 결국 마음속에 있는 어떠한 틀로서, 경험을 평가하는 기준이 있다는 사실을 가정하게 되었다. 연구자는 우선 이것을 가치관으로 부르기로 한 것이다. 다시 말하자면, 현상이 행복에 직접 영향을 미치거나(소득이 높을수록 행복감이 높아진다), 경험이 행복에 직접 영향을 미치기보다는(인식된 사회적 지지 수준이 높을수록 행복감이 높아진다), 현상과 경험을 평가하는 가치관에 따라서 주관적 행복감이 달라진다는 것이다. 즉, 객관적인 조건들이 모두 부정적이라고 하더라도 화목한 가정에 높은 우선순위를 두고, 그 단 한 가지 영역에서라도 충분히 긍정적인 경험을 하게 되면 행복하게 느낄 수도 있다는 것이다.

마음을 둘러싼 다음 원은 '몸'이다. 몸의 중간에 있는 선은 외부 체계와 마음의 경계가 되는 감각 기관으로서 우리가 '인식'이라고 부를 만한 것이다. 몸과 마음은 직접 또는 간접으로 미시적 또는 중범위적 환경체계의 '현상'과 만나게 된다. 이러한 만남을 '인식'이라고 부를 수 있을 것이다. 달리 표현하자면, 인식 주체인 나의 마음과 몸이 인식 대상인 현상을 만나는 '인식' 작용이 일어나는 것이다.

관계와 일, 생활 영역, 사회제도 등으로 명명된 작은 원들을 포함하고 있는 큰 원이 우리가 일상생활에서 조우하게 되는 환경체계들이며, 우리와 관계를 맺는다는 조건 안에서 이들은 의미를 갖게 되고 '현상'이 된다.

인식 대상인 현상과 인식 주체인 나(마음과 몸을 포함하는)의 중간에 있는 영역을 '체험'이라고 부를 수 있다. 즉, 체험은 인식 대상인 현상과 인식 주체인 나의 상호작용으로 발생하는 어떠한 것이다.

동심원의 가장 바깥에 있는 원은 일상적인 인식의 범위를 넘어서는 거시적 또는 초월적 영역을 뜻한다. 이 연구에서는 그것이 구체적으로 무엇을 의미하는지는 다루지 않기로 한다.

다시 정리해 보면, 일과 관계, 생활 영역, 사회제도 등으로 구성된 '현상'은 마음과 몸으로 구성된 인식 주체인 '나'에 의해 인식되며, 현상과 '나'가 통하는 지점에서 '체험'이 발생한다. 그리고 이 영역들은 순환적으로, 복합적으로 연결된 맥락 구조를 가지고 있다. 현상-체험-인식-마음의 순으로 영향을 미치기도 하지만, 마음-인식-체험-현상의 순으로 영향을 미칠 수도 있다. 일과 관계는 생활 영역 사회제도와 연결되어 있으며, 이는 다시 구체적인 체험과 연결되고, 마음-행복으로 이어진다.

지금까지 제시한 내용들을 구체적인 예를 들어 기술하면 다음과 같다. 어떤 저소득층 가정의 여성이 남편의 **실직**으로 **경제적인 형편**이 어려워졌고, 그 때문에 **일을 시작**하게 되었다(현상). 이때 연구참여자는 난데없이 **세상에 내몰렸다는 느낌**을 갖게 된다. 게다가 막상 나서 보니 마땅한 일을 찾기 어려웠고, 이 때문에 **무력감**을 느끼게 되었다(체험). 그러면서 무능한 남편을 **원망**하고 처지를 비관하게 되었다. 다행히도 어린 자녀들이 잘 자라 주어서 **든든하고 희망을 품게 된다**(마음). **돈보다는 가족이 더 중요하기에**(가치관) 이대로 좌절하기보다는 가족이 똘똘 뭉쳐 이 위기를 극복해 가야겠다고 다짐하게 된다. 그리고 열악한 현실을 바라보지 않고 지금 가진 것, 누릴 수 있는 것, 그래도 화목한 가정을 바라보며 긍정적인 마음의 상태, 즉 **행복**을 경험하게 된다.

# 5. 결론

이 연구의 목적은 저소득층이 경험하는 행복의 맥락을 이해하고
자 하는 것이었다. 이러한 목적을 달성하기 위해서 이 연구에서는
질적 연구 방법을 활용하였으며, 귀납적 접근을 통해 자료를 분석
하였다. 구체적으로, 먼저 저소득층이 경험하는 행복의 맥락을 사
례별로 살펴보았다. 개별 연구참여자들이 부여한 행복 점수와 그
의미, 주관적 경험들과 다양한 영역들로 구성된 현상을 분석하고,
그러한 행복과 경험, 현상으로 구성된 맥락 구조를 그려 보았다.
사례들을 개별적으로, 그리고 연속적으로 분석하고 검토하고 연결
하는 과정을 통해 결과적으로 전체 사례들을 통합할 수 있는 맥락
구조가 구성되었다.

연구 결과를 논의하면 다음과 같다. 연구참여자인 저소득층이
인식하는 행복의 수준은 객관적인 상태보다는 주관적인 경험과 직
접 관련되는 것으로 나타났다. 또한 이들의 주관적인 경험은 마음
안에서 작용하는 매우 복합적인 경험 요소들로 구성되어 있으며,
이러한 요소들 중에서 긍정적인 경험과 부정적인 경험들이 경합하
는 가운데 어떠한 경험 요소들이 더 우세한가에 따라서 행복의 수
준이 달라지는 것으로 보인다.

그런데 주관적인 경험이 행복과 직접 관련되어 있다고 해서 객
관적인 상태 또는 이 연구에서 말하는 '현상(인식 주체인 연구참여자
가 일상생활에서 마음과 몸의 감각 기관을 통해 인식한 인식 대상)'이 중
요하지 않다는 것은 아니다. 이러한 현상들(실직과 고된 노동, 생활

고, 질병과 장애, 아픈 몸, 남편과 불화, 폭력, 수급 신청 등)은 인식 과정을 통해 저소득층의 주관적 경험으로 축적되며, 이것이 마음에 지속적으로 영향을 미치고 결국 행복감으로까지 연결되는 것이다. 또한 이러한 과정 중에 '가치관'이 있으며, 이것이 현상과 경험에 대해 평가하여 주관적인 행복감을 결정하게 된다는 것도 파악하게 되었다.

따라서 우리는 사회 구성원들의 행복 수준을 향상시키기 위하여 객관적 현상과 주관적 경험, 개별적 또는 집단적 가치관 모두에 개입해야 한다. 연구 결과에 근거하여, 저소득층의 행복 수준을 높이기 위해 사회복지정책과 실천에서 고려해야 할 지침들을 제언하면 다음과 같다.

먼저 정책 측면에서는 현상 수준에서 저소득층의 맥락 구조를 파악하고, 그에 맞는 사례관리체계를 구축해야 할 것이다. 이미 시작된 보건복지부의 시·군·구 단위 '희망복지지원단'이 이러한 역할을 수행할 것이라 기대되는데, 아직은 네트워크체계가 촘촘하게 구성되지 않았고, 사례 발굴과 활동 수준도 충분하지 않은 것으로 보인다. 앞으로 저소득층이 일상생활에서 경험하는 다양한 어려움을 해결하고 욕구를 충족시키기 위해서는 지역사회의 다양한 자원과 서비스들을 빈틈없이 촘촘하게 엮어 내고, 하나의 지역사회가 서로 튼튼하게 연결된 그물망처럼 움직일 수 있도록 체계를 구축해 가야 할 것이다.

정책이 인식된 현상 또는 객관적 상태를 바꾸는 것이라면, 실천은 현상과 경험, 상태와 마음을 선순환 구조로 연결해 주고 경험과 마음을 긍정적으로 변화시키는 활동이라 할 수 있을 것이다. 희망복지지원단이 주로 인식된 현상 수준의 상태를 변화시키는 것이라면, 기존의 사회복지서비스체계와 그 네트워크는 주로 마음의 경험과 그 맥락 구조를 바꾸려는 개입 활동들을 하게 된다. 그리고 그것은 긍정적인 경험을 격려하고 부정적인 경험을 위로하는 방향으로 이루어져야 할 것이다. 이러한 경험들이 서로 연결되어 있다고 본다면, 개별 클라이언트들의 마음에서는 긍정적인 경험이 부정적인 경험들을 감싸거나 위로하는 형태의 작용도 이루어지게 될 것이다. 최근 사회복지관의 조직 구조가 사례관리를 중심으로 개편된 것은 이런 면에서 매우 고무적인 일이다. 탈빈곤정책의 일상적인 최전선이라 할 수 있는 사회복지관에서는, 저소득층이 처한 객관적인 현상(상태)뿐만 아니라 그에 대한 주관적 경험들과 그러한 경험들 간의 관계에 대해서 구체적으로 파악하고, 이러한 경험들을 변화시키기 위한 적극적인 개입체계도 구축해 가야 할 것이다.

가치관에 대해서는 사회화 제도들의 역할을 강조하지 않을 수 없다. 바로 가족, 교육 기관, 미디어다. 1등을 해야만 살아남을 수 있다는 생각, 돈만 있으면 행복해질 수 있다는 생각, 나 혼자 부자로 사는 것보다 좀 부족하더라도 다 같이 행복하게 사는 것이 더 낫다는 생각, 사회적 위험을 함께 헤쳐 가야 한다는 생각. 이런 생각들은 부모와 교사, 미디어로부터 지속적으로 받게 되는 언어적, 비언어적 메시지들의 영향을 받으면서 형성되는 것이다. 실제로는 객관적 현상이나 상태보다 주관적 경험이 더 행복에 영향을 미침에도 불구하고, 경제적 부로 대표되는 객관적 현상이 더 영향을 미친다고 믿는다면 사람들은 무작정 돈을 벌기 위해, 그리고 경쟁에서 살아남기 위해 노력하게 될 것이다. 이러한 현상과 경험, 행복의 관계를 구체적으로 알려 주거나 생각을 변화시키기 위해서는 부모와 교사, 미디어가 행복에 대한 사회적 합의를 내면화하고, 관련된 사회 구성원들에게 일관된 메시지를 지속적으로 전달해 줄 필요가 있다.

이 연구는 처음으로 저소득층의 경험을 맥락 구조라는 차원에서 바라보고 분석하려 하였다는 점에서 기존 연구들과 차별화되는 의의를 가지고 있다. 그러나 2차 자료 분석의 고유한 한계로 행복의 맥락이 가지고 있을지도 모르는 깊이와 넓이, 촘촘함과 세밀함, 역동성을 충분히 담지 못한 한계도 가지고 있다. 후속연구에서는 이러한 한계를 극복하기 위한 접근이 필요할 것이다.

# 📑 참고문헌

구인회(2005). 빈곤의 동태적 분석: 빈곤지속기간과 그 결정 요인. 한국사회복지학, 57(2), 351-374.

권지성(2012). 사회복지 질적 연구접근의 재구성: 그리고, 은밀한 맥락을 찾아서. 사회복지연구, 19, 159-181.

김경희·김기덕·박지영(2011). 질적 연구의 타당도 담론에 관한 탐색적 연구-주관성과 사회성의 긴장을 중심으로. 한국사회복지학, 63(2), 155-177.

김교성·김성욱·이정면·노혜진(2008). 빈곤의 측정과 규모에 관한 연구. 한국사회복지조사연구, 19, 297-320.

김교성·노혜진(2009). 지역 빈곤의 격차와 요인에 관한 연구. 한국사회복지학, 85-106.

김미곤·염주희·최현수·정희선·김성아·김은빈·권지성·이은미·정선욱·조준용·하경희·이현주(2012). 한국복지패널 연계 질적 연구(2차): 빈곤층의 삶과 탈빈곤 노력을 중심으로. 서울: 한국보건사회연구원.

김미령(2006). 전기, 후기 여성노인의 삶의 질 및 영향 요인 비교연구. 한국사회복지학, 58(2), 197-222.

노혜진(2008). 결혼해체를 경험한 여성가구주의 빈곤과 사회적 배제와 관한 종단연구. 중앙대학교 석사학위논문.

문진영(2012). 이스털린 역설에 대한 연구-만족점의 존재여부를 중심으로. 한국사회복지학, 61(1), 53-77.

박미은·신희정(2010). 생애사 연구를 통한 여성가구주의 빈곤화 과정과 사회적 배제의 경험: 대전지역의 빈곤여성가구주를 대상으로. 사회과학연구, 36(3), 167-193.

박혜신(2004). 빈곤가족의 빈곤문화: 빈곤가족의 가족사와 빈곤가족아동의 생애사를 중심으로. 서강대학교 석사학위논문.

백학영(2006). 저소득 독거노인의 빈곤경험에 관한 질적 연구. 사회복지연구, 31, 5-39.

서병수(2007). 한국의 다차원적 빈곤 분석: 실현능력접근. 사회복지정책, 28, 199-232.

석재은(2004). 한국의 빈곤의 여성화에 대한 실증 분석. 한국사회복지학, 56(2),

167-94.

안진(2005). 빈곤여성노인의 생애사를 통한 삶의 이해. 한국거버넌스학회 학술대회
자료집, 381-415.

여유진 · 김미곤 · 김태완 · 손창균 · 최현수 · 이선우 · 김문길 · 김계연 · 오지현 ·
송치호 · 서봉균 · 유상 · 김은정(2007). 2007년 최저생계비 계측조사 연구. 서울:
한국보건사회연구원.

윤경아 · 노병일(2005). 도시 노숙자의 삶의 질 예측 요인. 한국사회복지학, 57(1),
219-243.

이은주(2008). 근로빈곤층의 삶의 경험에 대한 질적 연구. 사회복지정책, 34, 331-
356.

이은주(2009). 서울시 영구임대주택 도시빈민의 삶의 경험, 사회이론, 36: 29-77.

이익섭 · 홍영수(2007). 만성질환을 가진 의료 급여 수급권자의 사회적 지원과 삶
의 질: 성별, 질환별, 거주 지역별 비교. 한국사회복지학, 57(2), 71-92.

이지수(2007). 장애인의 주관적 삶의 질: 삶의 만족도 구조 모형의 성별 비교. 한국
사회복지학, 59(2), 89-114.

이현주 · 김미곤 · 노대명 · 강석훈 · 손병돈 · 유진영 · 임완섭(2006). 우리나라 빈곤
실태와 정책적 함의: 구조 분석을 중심으로. 서울: 한국보건사회연구원.

이혜숙 · 임은하(2009). 빈곤가정의 빈곤화 과정 연구. 한국가족복지학, 26(8), 255-
94.

정미숙(2007). 저소득 여성가구주의 빈곤화 과정에 대한 연구. 한국사회복지학,
59(4), 191-216.

최옥금(2008). 근로빈곤층의 직업력 분석-비빈곤층과의 비교를 중심으로. 한국사
회복지학, 60(4), 55-77.

최희경(2005). 빈곤 여성 노인의 생애와 빈곤 형성 분석. 노인복지연구, 27, 147-
174.

홍백의 · 김혜연(2007). 빈곤의 여성화(feminization of poverty): 경향 및 원인.한
국사회복지학, 59(3), 125-46.

황명진 · 심수진(2008). 한국의 행복지수 개발. 조사연구, 9(3), 93-117.

황정임 · 송치선 · 전지현(2005). 빈곤여성을 위한 자활지원정책 개선방안 연구: 자활공
동체 참여여성 사례를 중심으로. 서울: 한국여성정책연구원.

Easterlin, R. (1974). Does Economic Growth Improve the Human Lot? Some Empirical Evidence. in *Nations and Households in Economic Growth: Essays in Honor of Moses Abramovitz*, edited by P., David and M., Reder. New York: Academic Press.

Easterlin, R. (1995). Will raising the incomes of all increase the happiness of all?. *Journal of Economic Behavior and Organization*, 27, 35-47.

Easterlin, R. (2005). Feeding the Illusion of Growth and Happiness: A Reply to Hagerty and Veenhoven. *Social Indicators Research*, 74, 429-443.

Easterlin, R. (2010). The happiness-income paradox revisited. *Proceedings of National Academy of Sciences, 107*(52), 22463-22468.

Hagerty, M., & Veenhoven, R. (2003). Wealth and Happiness Revisited: Growing National Income Does Go with Greater Happiness. *Social Indicators Research, 64*(1), 1-27.

Stevenson, B., & Wolfers, J. (2008). *Economic Growth and Subjective Well-Being: Reassessing the Easterlin Paradox*. Brookings Papers on Economic Activity.

Veenhoven, R. (1991). Is Happiness Relative?. *Social Indicators Research, 24*(1), 1-34.

Veenhoven, R., and Hagerty, M. (2006). Rising Happiness in Nations 1946-2004: A Reply to Easterlin. *Social Indicators Research*, 79(3), 421-436.

국립국어원(2013). 표준국어대사전. http://www.korean.go.kr

# 제4장
# 저소득층의 탈수급 맥락에
# 대한 질적 연구[1)2)]

장혜진(충북대학교)
조윤정(충북대학교)
윤진(충북대학교)
권지성(침례신학대학교)

## 1. 서론

이 연구의 목적은 저소득층의 탈수급 요인들과 그 맥락을 파악하려는 것이다. 이러한 목적을 달성하기 위해 연구자들은 2012년 한국복지패널 연계 질적 연구패널 중 탈수급을 했거나 탈수급이 가능한 인구학적 배경을 가진 사례들을 표집하고, 해당 사례들에 대한 질적 면접을 통해 수집한 자료를 가지고 분석하였다. 연구자들이 이 주제에 관심을 갖게 된 이유는 질적 패널 연구참여자들과 직접 면접을 하면서 탈수급 관련 기존 연구에서 밝힌 요인 외에 숨겨져 있는 요인들이 있으며, 이 요인들이 서로 긴밀하게 연결되어 영향을 미치고 있음을 인식하였기 때문이다. 더불어 그동안 실천

---

1) 장혜진·조윤정·윤진·권지성(2013). 저소득층의 탈수급 맥락에 대한 질적 연구. 보건사회연구, 33(2), 91-127.
2) 이 연구는 '제5회 한국복지패널 학술대회'에서 발표한 논문을 수정, 보완한 것임.

적으로나 이론적으로 탈수급의 맥락에 대한 구체적인 이해가 부족하다고 판단하였기 때문이다.

먼저 실천 측면에서 살펴보면 다음과 같다. 기초생활보장제도의 주요 목적 중 하나는 수급자의 탈수급 유도이며, 이를 위해 자활사업 등 다양한 탈수급 유인제도를 실시하고 있다. 그러나 2011년 자활사업을 통한 탈수급률이 10%에 그칠 정도로(권덕철, 2011) 지속적으로 낮은 비율을 보이고 있으며, 탈수급 유인정책의 효과성에 대한 문제 제기와 논의는 계속되고 있다. 이는 선행연구들이 탈수급 여부에 초점을 두고, 탈수급에 영향을 미치는 가시적이고 측정 가능한 주요 요인들을 위주로 살펴보는 인과론적 접근을 우선시하여, 결국 개인이 갖고 있는 다양한 요인들 간의 관계와 영향력이 간과되는 한계를 가지고 있기 때문으로 보인다. 다시 말해, 이러한 인과론적 접근에서는 탈수급에 가장 큰 영향을 미치는 요인으로 밝혀진 근로 여부에 중점을 두는 반면, 그 이면에 드러나지 않은 근로 의욕 저하나 수급 유지를 원하는 가치관 등 개인이 갖고 있는 요인들의 중요성이 간과되거나 실천 현장에서 덜 고려되고 있는 것으로 보인다. 그러나 제도적으로 중요한 기준이거나 이미 밝혀진 요인 외에 주관적 · 개인적이며, 숨겨져 있는 요인들이 탈수급 맥락에서 서로 긴밀하게 영향을 주고받는다는 가설은 충분히 설득력이 있다고 본다.

실제로 2010년부터 시행된 희망키움통장 사업을 통해 자산 형성에 참여하는 수급자 전체의 26.7%가 사업 종료 시점에서 각종 정부 지원이 중단되는 것에 대한 막연한 두려움을 가지고 있으며, 심지어 종료 후에 기초생활보장 수급을 계속 받고 싶다는 응답도 14.1%

로 나타나고 있다(권덕철, 2011). 또한 수급자의 지위에서 받던 현금과 현물 급여가 수급에서 탈피함과 동시에 사라진다는 불안감은 수급자로 하여금 탈수급을 망설이게 하는 요인으로 작용하며(유태균·이선정, 2011), 수급자 중 다수가 수급 진입 과정에서 이미 많은 실패를 경험하고, 가족 해체나 재산 소진 등의 과정에서 무기력증(helplessness)을 체득하게 된다(안서연 외, 2011)는 점은 간과할 수 없는 문제다. 현재 우리나라의 국민기초생활보장 수급자 현황(보건복지부, 2012)을 보면, 수급자 비율은 학령기 이후부터 여자가 높게 나타나고 있으며, 특히 노년기에는 남자와 현저한 차이를 보이고 있다. 또한 수급자 중 비경제 활동 인구가 82.2%에 달하고 있으며, 노인, 장애인, 모자·부자가구 등 취약 계층 가구가 60.5%, 가구원 수별로는 1인가구가 64%로 나타나 가구 내에 측정되지 않는 내적 역동을 무시하고 단순히 근로 촉진만을 목표로 한 현재의 제도로는 탈수급 효과를 기대하기에 한계가 있다 할 수 있다.

이론적인 측면에서도 탈수급의 맥락에 대한 이해는 상당히 부족하다. 탈수급을 촉진할 수 있는 방안을 모색하기 위해 다양한 양적 연구(김교성·노혜진, 2009; 여유진 외, 2004; 이원진, 2010a; 이현주, 2008)들이 실시되었다. 하지만 양적 연구가 갖고 있는 한계로 인해 질적 연구의 필요성이 대두되었고, 탈수급 관련 연구에서도 다양한 관점들이 나오기 시작하였다. 그 예로 탈수급 또는 탈빈곤 관련 질적 연구(김정현, 2012; 이현주, 2008; 황정임, 2004)들과 탈수급에 영향을 미치는 심리·정서적 요인에 관한 연구(안서연·구인회·이원진, 2011; 이원진, 2010b), 탈빈곤 전후의 생활에 대한 연구(유태균·이선정, 2011) 등을 들 수 있다. 또한 2011년 한국복지패널 연계 질적 패널 구축을 위한 기초 연구를 실시함으로써 저소득층에 대한 양적·질적 연계 조사가 처음으로 이루어졌으나, 탈수급 자체의 의미를 자세히 살펴보지는 못했다(최현수 외, 2011). 개인의 주관적 인식 맥락을 살펴본 질적 연구(백학영·고미선, 2007)도 있으나 주제를 자활로 한정하여 살펴보고 있다. 이렇듯 탈수급 관련 양적 연구의 한계점이 지적되면서 질적 연구들이 일부 이루어지기는 했으나, 탈수급 요인들의 맥락을 집중적으로 살펴본 연구는 전무하다고 할 수 있다. 선행연구에서도 이전 연구들의 한계를 지적하며 탈수급에 영향을 주는 각각의 변수만으로는 충돌이 야기되는 경우가 발생하고, 그럴 경우 다른 설명 변수와의 조합을 통해 해석할 필요가 있으며(노대명·원일, 2011), 심리·정서적 요인을 고려하여 탈수급 경로를 살펴볼 수 있는 질적 연구의 필요성을 주장해왔다(안서연 외, 2011; 이현주 외, 2009).

이상과 같이 탈수급과 관련된 기존의 실천적·이론적 접근은 우리에게 많은 과제를 제시해 주고 있다. 무엇보다도 이제는 양적인 연구를 기반으로 한 더 깊이 있는 탐색, 그리고 이러한 모든 것들이 연구자만의 관점이 아닌 수급자와 탈수급자들의 관점에서 조망되고 이해되어야 할 시점이다. 따라서 이 연구에서는 수급자 또는 탈수급자들의 관점이 반영된 질적 자료를 활용하여 탈수급과 관련된 요인들을 밝혀내고, 이러한 다양한 요인들 간의 복합적인 관계, 즉 탈수급 맥락을 파악하고자 하였다. 이러한 목적을 달성하기 위해 설정한 연구문제는 다음과 같다.

**"저소득층의 탈수급 맥락은 어떠한가?"**

## 2. 문헌 검토

### 1) 탈수급의 의미

탈수급은 말 그대로 복지 수급을 받던 상태에서 벗어나는 것으로, 현행 우리나라의 국민기초생활보장제도 하에서는 급여 중지의 개념에 포함된다고 볼 수 있다. 국민기초생활보장제도의 기준에 따르면 크게 세 가지의 중지 사유가 있는데, 수급자에 대한 급여의 전부 또는 일부가 필요 없게 된 때[3], 수급자가 급여의 전부 또는 일부를 거부한 때[4], 조건부 수급자가 조건을 불이행하여 생계급여 중지를 결정한 경우를 지칭한다(보건복지부, 2012).

이론적으로 탈수급이란 가구의 소득인정액이 최저생계비를 초과해야 한다는 점에서 탈빈곤을 전제한다고 볼 수 있으나, 실질적으로 탈수급은 반드시 탈빈곤을 전제로 발생하는 것은 아니다(노대명, 원일, 2011). 그렇기 때문에 연구자들에 따라 탈빈곤을 전제로 한 탈수급과 그렇지 않은 탈수급을 구분해서 그 양상을 비교하는 경우가 늘어나고 있다(김미곤, 2008; 이원진, 2010; 노대명 · 원일, 2011; Ayala & Rodriguez, 2007).

Ayala과 Rodriguez(2007)는 세 가지의 탈수급 형태를 제시하고 있는데, '성공적(successful) 탈수급'의 경우 자발적 탈수급으로 수

---

3) 수급자의 선정 기준이 수급자 선정 기준을 초과한 때, 수급자의 취업으로 소득인정액이 기준을 초과한 때, 부양 능력이 있는 부양 의무자의 부양 사실이 확인된 경우.
4) 수급자가 급여의 중지를 요청할 때, 생업자금을 대여 신청 당시의 사업 계획대로 집행하지 않은 경우에 보장 기관의 시정 요구에 응하지 아니한 때 등.

급 기준 이상의 소득인 경우나 합의된 목표를 충족한 경우가 이에 해당된다. '부정수급에 의한(exit due to fraud) 탈수급'은 수급 요건 변경으로 인하거나 행정적 요구 사항의 불이행, 수급의 부적절한 사용, 사기, 중요한 변화에 대한 공지를 하지 않은 경우 등이 해당되며, 마지막으로 '행정적(administrative) 탈수급'은 주로 연령이나 사망, 이주, 투옥 등에 의한 탈수급을 의미한다. 이 연구에서는 탈수급 유형별 수급 기간의 패턴을 비교한 결과, '성공적 탈수급'과 '부정수급에 의한 탈수급'은 그 양상이 비슷한 반면 '행정적 탈수급'은 매우 상이한 결과를 나타냈는데, 이 결과에 대해 연구자들은 '행정적 탈수급'과 달리 앞선 두 탈수급가구에서는 가구 특성 등의 차이가 크지 않기 때문이라고 설명하고 있다.

노대명과 원일(2011)의 연구에서는 소득, 재산, 지출 변화(가구 규모 변화)로 인한 탈수급은 '성공적 탈수급', 부양가구의 부양 능력 변화, 행정상의 탈수급 조치, 기타 사유로 인한 탈수급을 '행정적 탈수급'으로 구분하고 있다. 분석 결과 이 두 유형은 별다른 차이점이 나타나지 않았는데, 이는 현재 기초생활보장제도 하에서 성공적 탈수급과 행정적 탈수급 모두 '바람직한' 탈수급[5] 경로를 통해 발생한 것이 아니라는 점에서 원인을 찾고 있다.

유사한 연구인 이원진(2010a)의 연구에서는 탈수급을 수급 탈출 후 빈곤하지 않은 '탈빈곤적 수급 탈출'과 탈출 후 여전히 빈곤한 '탈

---

5) 바람직한 탈수급이란 소득 및 자산 증가에 따른 탈수급을 뜻하며, 탈빈곤을 전제로 하고 있으나 노대명과 원일(2011)의 연구에서는 성공적 탈수급의 경우 근로소득의 증가 폭이 크지 않아 행정적 탈수급과의 차이점을 발견하기 어려우며, 두 가지 탈수급 모두 소득 요인보다 지출 요인의 영향을 받는 것으로 파악돼 바람직한 탈수급 경로로 보기 어렵다.

2. 문헌 검토  **145**

제도적 수급 탈출'로 구분하고 있는데, 각기 매우 다른 양상을 보이고 있다. 즉, 탈제도적 수급 탈출에는 수급 기간과 수급 진입 시기를 제외한 거의 모든 변수가 유의한 영향을 미치지 않은 반면, 탈빈곤적 수급 탈출에는 연령, 교육 수준, 건강 상태, 결혼 지위, 부양아동 유무, 취업 형태 등이 영향을 미치는 것으로 나타났다. 또한 탈빈곤적 수급 탈출은 수급 탈출 이후 평균적으로 소득 수준이 상승한 반면, 탈제도적 수급 탈출은 평균적으로 소득 수준이 하락하였는데, 이는 근로소득의 증가 경험 여부가 이 두 가지 유형의 상이한 성격을 설명하는 중요한 요인으로 작용하고 있음을 보여 주는 것이다.

앞의 연구들과 맥을 같이해서 이 연구를 구성해 보면, 현행 국민기초생활보장제도의 수급을 받는 상태인지 또는 어떤 형태로든지 수급 기준에서 벗어나 탈수급 상태인지를 구분하는 '탈수급 여부'라는 하나의 축과 '탈수급 의지'라는 또 하나의 축을 교차하여 높은 탈수급 의지를 가지면서 탈수급에 성공한 경우, 탈수급은 했으나 본인의 탈수급 의지는 높지 않아 언제든지 다시 수급자로 가고 싶어 하는 경우, 현재 수급 상태이지만 탈수급의 의지가 높은 경우, 마지막으로 수급 상태이면서 탈수급 의지도 약한 경우로 분류할 수 있다. 탈수급 연구에서 수급자들까지 연구 범위에 넣은 이유는 탈수급되기 전 수급 상태부터 연결된 복잡한 맥락과 그 맥락을 이루고 있는 다양한 요인들을 심층 분석하기 위한 것으로, 이 연구에서는 단순히 탈수급 여부 이상으로 그 기저를 이루는 의지와 이에 영향을 미치는 '현상'과 '경험'[6]을 분석하고자 하기 때문이다.

---

6) '현상'과 '경험'은 '3. 연구 방법'에서 자세히 논하기로 한다.

## 2) 탈수급 관련 선행연구

탈수급에 관련된 외국의 선행연구들을 보면, 동태적 특성을
기반으로 한 탈수급 결정 요인에 관한 연구가 주를 이루고 있다
(Ayala & Rodriguez, 2007; Bäckman & Bergmark, 2011; Bergmark
& Backman, 2004; Dahl & Lorentzen, 2003; Mood, 2012). Ayala와
Rodriguez(2007)는 앞서 밝힌 바와 같이 탈수급 유형별 분석을 통
해 무엇보다도 고용력(employability)과 인종이 가장 명백한 탈수
급 요인이며, 성별 자체보다는 성별이 부양가족과 같은 다른 가
족 요인들과 결합했을 때 탈수급에 유의한 영향을 준다고 제시하
고 있다. 또한 1인가구를 제외하고는 가족이 많을수록, 그리고 한
부모가족일 경우 탈수급 가능성이 낮다고 보고 있는데, 이는 한
부모나 미혼일 경우 탈수급 확률이 높다고 보고한 Bergmark와
Backman(2004)의 연구와 상반된 것으로 나타나고 있다.[7] 이 외에
도 Ayala와 Rodriguez(2007)는 가구주가 다양한 이유로 수급 상태
를 유지하게 된다고 주장하며, 특히 사회적 고립은 수급 기간을 길
어지게 함으로써 탈수급에 부정적 영향을 미치고 있음을 제시하
고 있다. Dahl과 Lorentzen(2003)은 개인 특성으로 저연령이며 고
학력자, 배우자가 있는 경우 등이 탈수급에 긍정적 영향을 미치고
있음을 밝히고 있는데, 이는 Bergmark와 Backman(2004)의 연구
와 같은 결과를 보여 준다. 또한 Dahl과 Lorentzen(2003)의 연구에
서는 수급 기간이 일정 기간 경과한 뒤에 탈수급이 높게 나타난 반

---

7) 이러한 상반된 연구 결과는 미취학자녀 및 취학자녀의 유무, 종사상 지위, 배우자의
근로 능력 등 다른 설명 변수와의 조합을 통한 추가 해석이 필요하다.

면, Bäckman과 Bergmark(2011)와 Mood(2012)의 연구에서는 수급 기간이 길수록 탈수급에 부정적 영향을 미치는 것으로 나타나고 있다.

Canto(2002)는 수급 재진입에 영향을 미치는 요인을 분석하고 있는데, 먼저 가구주의 성별은 그 자체만으로는 재진입에 유의미하지 않지만 나이와 배우자 유무 등과 상호작용하면서 유의미한 영향을 미치게 된다고 보고하였다. 또한 배우자 부재와 많은 가족 수(특히, 14세 이하 아동이 3명 이상인 경우), 농촌 거주, 직업이 단순 노무이거나 자영업일 경우 재진입 가능성이 커지는 것으로 나타나고 있다. 반면, 높은 교육 수준과 배우자가 있는 가구주는 좀 더 안정적인 소득 수준을 유지하여 수급 재진입 가능성을 줄여 주는 것으로 분석되었다.

탈수급에 대한 국내 연구는 아직까지 적은 편이며, 탈빈곤에 비해 제한적이다. 탈빈곤은 빈곤 상태를 벗어나는 것으로서 수급자 지원을 벗어나는 탈수급보다 광의의 개념으로, 반드시 탈수급이 탈빈곤으로 이어진다고는 보기 어렵다. 특히 이 연구에서 살펴보고자 하는 탈수급 맥락 관련 국내 연구의 동향을 보면 최근 늘어나고 있는 패널 조사 자료를 활용한 수급 동태 분석 연구(구인회, 2005; 노대명·원일, 2011; 백학영·조성은, 2012; 안서연 외, 2011; 유태균·윤성원, 2012; 이원진, 2010a)들을 포함한 양적 연구가 대부분이며, 질적 연구는 극히 제한적으로 이루어져 왔다.

탈수급에 영향을 미치는 요인들을 분석한 양적 연구들을 보면 공통적인 탈수급 관련 요인들이 나타나고 있다. 가장 대표적인 요인으로 '근로'가 탈수급에 긍정적 영향을 미치는 것으로 나타나고 있으며(노대명·원일, 2011; 백학영·조성은, 2012; 안서연 외, 2011), 특히 상용직 임금 근로자일 경우 성공적인 탈수급에 미치는 영향이 임시직이나 일용직에 비해 상대적으로 큰 것으로 분석되었다(노대명·원일, 2011). 또 다른 주요 탈수급 요인으로 '수급 기간'을 들 수 있는데, 이는 연구자들에 따라 상이한 결과를 보이고 있다. 복지패널을 이용한 안서연 외(2011)의 연구에서는 수급 기간이 탈수급의 저해 요인으로 작용하고 있는데, 이는 학습된 무기력과 같은 심리·정서적 요인이 작용한 결과로 파악되지만 수급 탈출이 용이한 집단과 그렇지 못한 집단의 이질성 때문일 수도 있음을 지적하고 있다. 이와는 달리 같은 복지패널을 이용한 이원진(2010a)의 연구에서는 탈빈곤적 수급 탈출에는 수급 기간이 영향을 주지 않는 반면, 탈제도적 수급 탈출에는 영향을 미치는 것으로 분석되고 있다. 또한 보사연의 근로 능력 수급자의 탈빈곤 실태 조사 자료를 분석한 노대명과 원일(2011)의 연구에서는 수급 기간이 탈수급에 영향을 미치지 않은 것으로 나타나고 있는데, 이에 대해 연구자들은 상당수의 수급가구가 자녀 성장에 필요한 일정 기간의 지도를 받고 교육비나 주거비 등의 지출 요인이 해소됨에 따라 탈수급을 하게 된다는 메커니즘으로 분석하고 있다.

탈수급 성과를 설명하는 기존의 연구들은 자활 의지, 근로 의욕, 자립 태도 등 자활을 주요 요인으로 살펴보았다. 917명의 취업 대상 조건부 수급자를 대상으로 취업이나 창업 등 경제적 자활로의 진입에 성공한 수급자들의 특성과 자활의 요인을 분석한 김교성과 강철희(2003)의 연구에 따르면, 참여자들의 건강 상태와 자활 의지가 자활에 중요한 영향을 미치는 것으로 보고하였다. 또한 자활 참여자들의 탈수급을 위해 다양한 재정적 인센티브의 제공과 자활 의지를 강화할 수 있는 대책이 필요하며, 근로 능력과 근로뿐 아니라 자존감과 주관적 수급 탈피 전망 등 심리 정서적 요인이 탈수급에 영향을 미치는 것으로 보고되었음을 고려할 때(권승, 2005; 안서연 외, 2011), 소득 증대를 통한 탈수급이 성공하기 위해서는 자활 활동 이전에 자활 의지가 중요한 요인으로 작용할 수 있다. 따라서 성공적인 자활 즉, 탈수급을 위한 자활을 위해 자활 참여 전 자활 대상자에 대한 개별적인 욕구와 개인적인 특성을 고려한 프로그램이 필요하며, 자활을 위한 충분한 활동 기간도 필요하다(신명호, 2007; 안서연 외, 2011; 이태진 외, 2008)고 주장하고 있다. 탈수급한 자활사업 참여 경험자 중 본인 또는 배우자의 건강 악화, 사별 등과 같은 예기치 못한 사고가 발생할 경우, 자활사업 참여 이외에는 생계를 유지할 수 있는 방법이 없는 사람들이 적지 않게 존재하는 것으로 나타나 참여자들의 관리를 위한 적극적인 노력도 필요한 것으로 나타나고 있다(유태균·윤성원, 2012).

　이 외에도 연령, 성별, 교육 수준, 취학자녀의 유무 등 대부분 가구주들의 인구학적, 가족 구조적 특성 혹은 인적 자본 측면들을 공통적으로 중요한 요인들로 보고 있으며, 그 효과는 연구마다 상이하게 나타나고 있다. 최근 유태균과 윤성원(2012)의 연구에서는 자녀의 취·창업의 영향력을 분석하면서 자녀의 인적 및 사회적 자본이 탈수급에 주요 변수임을 제시하고 있다. 또한 백학영과 조성은(2012)은 타 가구원의 소득 증가에 필요한 교육이나 의료, 보육, 가사 지원 등이 탈수급 촉진에 효과적일 수 있다는 가능성을 보여주고 있으며, 수급자들의 심리 및 태도 등과 관련해서는 자존감과 주관적 수급 탈퇴 전망(안서연 외, 2011), 우울(이원진, 2010b) 등이 영향을 미치는 것으로 나타나고 있는데, 이러한 정서적 특성을 고려한 연구는 매우 제한적이다.

이상과 같은 양적 연구에 비해 질적 연구는 대부분 수급과 자활 경험, 빈곤한 삶 등을 다룬 연구가 대부분이며, 탈수급과 관련해서는 극히 제한적으로 이루어졌다. 탈수급 여성을 대상으로 한 황정임(2004)의 연구에서는 '제도적 지원을 발판으로 자식을 생각하며 힘겹게 살아 내기'가 핵심 범주로 나타났으며, 여러 유형 중 '도약준비형'의 경우 제도를 통해 자립할 수 있다는 긍정적 사고와 종교적 신념, 가족과 주변 사람들의 지지와 격려 등이 '자립불안형'이나 '다시좌절형'과 비교했을 때 특징적으로 나타났고, 자활사업을 통해 익힌 일과 기술들이 직업으로의 전망과 자신감으로 이어지고 있음을 알 수 있다. 이현주(2005)의 연구에서는 저소득층에서 가장 긴요한 급여인 의료 급여에 대한 절실함이 탈수급에 대한 불안감을 높이고, 결국 수급자격 유지를 위해 근로 활동을 줄이거나 소득을 조정하는 등의 양상을 보여 주고 있다. 또한 취학자녀가 탈수급에 걸림돌이 되고 있는 등 탈수급을 목표로 하는 현 제도의 문제점이 오히려 탈수급을 어렵게 하는 요인임을 수급자와 전담 공무원의 경험을 통해 제시하고 있다.

# 3. 연구 방법

## 1) 질적 연구접근

이 연구의 목적은 저소득층의 탈수급 맥락을 파악하려는 것이다. 이러한 목적을 달성하기 위해 이 연구에서는 질적 연구 방법을 활용하였으며, 그중에서도 권지성(2012)이 '맥락-구조 분석'이라고 분류 · 명명한 질적 분석 방법으로 심층 면접 자료를 분석하였다. '맥락-구조 분석'은 횡단(공간) 차원 및 현상/경험에서 발견된 특정 주제의 구조에 포함된 요소들이 연속적 또는 그물망처럼 서로 어떻게 연결되어 있는지 보여 주고 기술하기 위한 방법이다(권지성, 2012). 이 방법은 크게 '수준'과 '차원'이라는 두 기준으로 나누어 살펴볼 수 있다.

먼저 '수준'은 '현상'과 '경험' 수준에 따라 분석하여 요인을 찾아내는데, '현상'은 감각 기관을 통해 인식한 것으로 말과 행동, 인공물 또는 일화들이며, 이것은 흔히 육하원칙의 형식으로 표현될 수 있는 것이다. '경험'은 인식 주체(연구참여자)인 자신이 인식한 현상에 마음으로 반응하는 것이라고 할 수 있다. 둘째로 '차원'은 시간과 공간 차원으로 구분되는데, 맥락-구조 분석에서는 횡단(공간) 차원을 고려하여 분석한다. 현재 시점에서 현상을 분류하거나 경험의 구조를 분석하는 것 또는 과거를 회상하면서 과거에 인식한 현상이나 경험을 범주화하는 것이다.

앞선 '수준'과 '차원'이라는 두 기준만으로도 이 연구 주제를 분석할 수 있지만, 이 연구에서는 '관점' 기준을 추가하여 살펴보았다. 특히 여러 가지 사회복지 관점 중 생태체계관점을 선택하여 적용하였는데, 이는 유기체와 환경 간 체계적인 상호작용의 속성을 설명하는 이 관점이 인식 주체와 요인 간 상호 관련성과 맥락을 알아보기 위한 이 연구의 목적을 이루는 데 적합하다고 판단하였기 때문이다. 이와 더불어 주체를 둘러싼 체계가 직·간접으로 연결되어 있다는 생태체계관점에 따라 인식 주체 관련 요인들을 영향력 정도에 따라 주 요인(탈수급 요인), 직접 요인, 간접 요인으로 구분하여 살펴봄으로써 요인체계를 구분하고, 그 체계 간의 관련성을 쉽게 살펴보고자 하였다. 여기서 직접 요인이란 탈수급과 탈수급 의지에 직접적이고 많은 영향을 미치는 요인들을 말하며, 간접

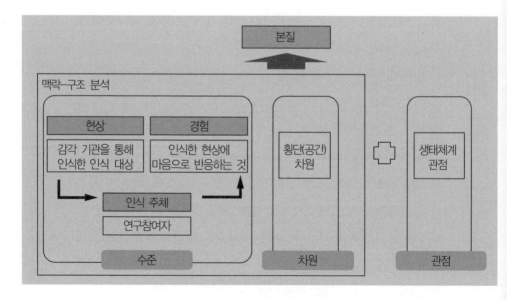

[그림 4-1] 맥락-구조 분석 방법

요인은 탈수급과 탈수급 의지에 간접적인 영향을 미치거나 또는 직접 요인보다 영향력이 적은 현상과 경험으로 정의하고 있다. 이 렇게 찾아낸 요인들을 생태체계관점에 따라 그 상호작용을 살펴보고, 긴밀하게 얽혀져 있는 것(맥락)을 도식화하는 과정을 통해 본질을 찾아내고자 하였다.

## 2) 연구참여자

이 연구의 참여자들은 2012년 「한국복지패널 연계 질적 패널」의 2차년도 조사에 참여한 44가구 중 8가구였다. 근로 능력이 있는 사람의 '근로'를 통한 탈수급이 이 연구의 주제이므로 가구주가 노인이거나 장애인인 경우는 사례 선정에서 제외하였으며, 근로 능력이 있다고 판단한 가구만 분석 대상이 되었다. 각 사례의 일반적인 특성은 〈표 4-1〉과 같으며, 총 8사례 중 4사례가 탈수급 상태이

〈표 4-1〉 연구참여자

| 연구<br>참여자 | 연령 | 성<br>별 | 학력 | 가구 특성 | 수급<br>상태 | 탈수급<br>의지 |
|---|---|---|---|---|---|---|
| 사례 1 | 34 | 여 | 고등학교 졸업 | 부부-자녀가구 | 탈수급 | 높은 편 |
| 사례 2 | 48 | 여 | 대학원 졸업 | 모자가구 | 탈수급 | 낮은 편 |
| 사례 3 | 37 | 여 | 대학교 재학 | 모자가구 | 조건부 수급 | 낮은 편 |
| 사례 4 | 61 | 여 | 대학교 졸업 | 모자가구 | 탈수급 | 높은 편 |
| 사례 5 | 54 | 남 | 대학교 중퇴 | 부부-자녀가구 | 조건부 수급 | 높은 편 |
| 사례 6 | 43 | 여 | 전문대학교 졸업 | 모자가구 | 탈수급 | 높은 편 |
| 사례 7 | 41 | 여 | 대학교 졸업 | 모자가구 | 조건부 수급 | 낮은 편 |
| 사례 8 | 49 | 여 | 전문대학교 재학 | 부부-자녀가구 | 조건부 수급 | 높은 편 |

고, 나머지 4사례는 조건부 수급 상태였다. 탈수급 의지는 현재 수급 상태가 탈수급인 경우와 수급자로 재진입을 원하는지의 여부로 구분하였으며, 조건부 수급인 경우 현재 수급 상태를 유지하고 싶어 하는지의 여부로 구분한 결과, 총 8사례 중 5사례가 높은 편, 3사례가 낮은 편인 것으로 나타났다.

### 3) 자료 수집 방법

이 연구에서 활용한 자료 수집 방법은 면접이었다. 면접은 대상자가 원하는 장소에 조사원이 직접 찾아가서 실시하였으며, 반구조화된 질문에 대상자가 자유롭게 응답하는 방식으로 진행되었다. 각 사례마다 면접 횟수는 2~3회, 면접 시간은 최소 60분에서 최대 203분 정도 소요되었다. 비밀 보장과 관련된 윤리적 이슈를 고려하여 한국보건사회연구원에 이 연구에 적합한 사례의 전사된 자료를 요청하여 활용하였다.

### 4) 자료 분석과 글쓰기

이 연구의 자료 분석 방법은 다음과 같다. 먼저 각 사례의 패널 원자료를 읽어 본 후 탈수급과 관련이 있는 문장들을 코딩하였다. 코딩된 문장을 모아 나열하고 의미단위들을 도출하였다. 분석된 의미단위를 상위 개념으로 분류한 후 상위 개념을 대표할 수 있는 요인을 명명하였다. 요인을 명명하는 과정에서, 현상의 경우 주체가 감각 기관을 통해 인식한 것이므로 객관적 요인이라 볼 수 있기 때문에 원자료의 문장 혹은 의미단위에서 자주 언급된 단어(예: 직업, 근로소득, 자녀 등)를 선택하여 요인으로 명명하였다. 경험의 경우, 주체가 마음으로 반응한 것이기 때문에 주관적인 요인이므로 그 개념을 가장 잘 표현할 수 있는 단어를 선택하기 위해 연구자들의 논의를 거쳐 명명하였다. 예를 들어, '행복'이라는 요인은 '만족' '희망' 등 다른 용어로도 쓸 수 있었으나 주체의 마음을 가장 적절하게 표현하는 용어가 '행복'이라는 연구자들의 판단에 따라 그 용어를 선택하였다.

이렇게 도출된 탈수급 요인 간 맥락을 한눈에 담기 위해서는 그림으로 표현하는 것이 가장 적합할 것이라는 판단하에 분석 결과를 도식화하였다. 각 사례의 맥락을 그림으로 나타내기 위해 먼저 경험과 현상으로 구분하여 요인을 배치하였다. 이어 연구자들의 논의를 거쳐 탈수급에 미치는 영향 정도에 따라 탈수급 요인, 직접 요인, 간접 요인으로 구분하여 동심원 구조로 각 층위에 배치하였다. 성격이 비슷한 요인의 경우, 점선으로 된 원으로 묶어 상위 요인으로 추가 구성하였다.

또한 사례들의 요인 간 방향성을 화살표로 표시하였으며, 사례의 언어로 직접 표현된 요인의 방향성은 실선으로, 비록 언어로 표현되지는 않았지만 맥락을 통해 예측 가능한 간접 요인의 방향성은 점선으로 표시하였다. 영향력 정도에 따라 선의 굵기를 다르게 표현하여 선이 굵을수록 영향이 더 커짐을 나타내었다. 또한 요인의 영향력이 긍정적인지 부정적인지 나타내기 위해 (+), (−)로 부호화하였으며, 긍정적·부정적 영향력을 동시에 가지고 있는 경우에는 (+)(−) 부호를 동시에 표기하였다.

이러한 분석 과정을 거친 후, 연구 결과는 먼저 각 사례의 요인과 맥락을 기술하고 이어 도식화한 그림을 배치하는 순서로 작성하였다. 사례 순서는 독자들의 이해를 돕고자 탈수급 의지 정도와 수급 상태로 구분하여 제시하였는데, 탈수급 의지 정도는 자료 분석 과정에서 연구진들의 충분한 분석과 논의에 의해 결정하였다.

## 4. 연구 결과

### 1) 사례별 맥락

#### (1) 높은 탈수급 의지
##### ① 사례 1: 탈수급자

사례 1은 현재 탈수급 상태다. 탈수급 당시 탈수급을 의도한 것은 아니었지만, 그렇다고 수급자로 재진입할 생각은 없었다. 탈수급 주요 요인은 현상의 경우 '직업' '근로소득'이며, 경험의 경우 '의지'인 것으로 보인다. 직업으로 인한 근로소득이 생기면서 삶의 만족이 높아져 행복하기 때문에 지금은 굳이 수급자로 돌아가야 한다는 생각은 없다.

이 사례는 이혼 후 수급자가 되었다가 재결합 후 배우자의 소득(소득, 직업)이 발생하여 탈수급하게 되었다. 전보다 경제적 상태가 나아져 경제적인 이유로 배우자와 싸울 일도 없어지고(배우자), 자녀들과의 관계도 좋기 때문에(자녀) 사는 것이 행복하다(행복). 이전에 수급자였을 때는 자녀 양육비 등을 지원받아서 좋긴 했지만,

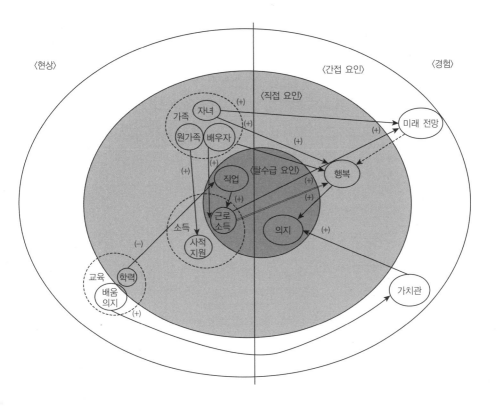

[그림 4-2] 사례 1

현재가 경제적으로나 심리적으로 이전보다 나아졌기 때문에 굳이 다시 수급 지원을 받을 생각은 없어(의지) 행복이 탈수급에 긍정적 인 영향을 미치고 있었다.

물론 남편과 자신의 근로소득으로는 생계를 꾸려 가기에 충분하 지 않다. 학력이 낮기 때문에 좋은 '직업'을 구하는 데도 한계가 있 어 학력은 경제적으로 더 윤택한 삶을 사는 데 방해가 되고 있었 다. 무언가를 배워야 한다고는 생각하고 있지만(배움 의지) 실제로 노력하는 것은 없다. 하지만 남편이 본인의 직장 생활 외에도 주말에 아르바이트를 하고, 자신도 슈퍼에서 일을 하고 있으며(근로소득), '자녀'들이 성장하면 가계에 도움이 될 거라고 생각하고 있기 때문에 앞으로의 삶이 나아질 것이라 예측하고 있다(미래 전망). 가까이 살고 있는 친정 엄마(원가족)가 아이들을 돌봐 주고 가끔 먹을 것도 챙겨 주는 것이 생활에 도움이 되고 있다(사적 지원).

② 사례 4: 탈수급자

사례 4는 현재 강제적 탈수급 상태며, 탈수급 의지는 높은 편이었다. 이 사례의 탈수급 주요 요인은 현상의 경우 '근로소득'과 '공적 지원 탈락'이고, 경험의 경우 '행복'과 '의지'인 것으로 보인다.

사례 4는 남편과의 사별 후 요양보호사(직업)를 시작하였으며, 이로 인한 정직한 소득 신고(근로소득)와 사위(자식)의 소득으로 인해 작년에 강제적 탈수급이 되었다. 탈수급은 무엇보다 현재의 경제적 어려움과 공적인 보호에서 떨어져 나왔다는 불안함(불안)을 야기하고 있고, 이는 탈수급에 대한 긍정적 마음가짐(의지)에 부정적 영향을 미치고 있는 것으로 보인다.

그럼에도 불구하고 이 사례는 수급을 더 받으라는 주변의 충고에 따르지 않고 지금의 탈수급 상태를 유지하려는 '의지'가 강해 보인다. 이는 무엇보다도 독실한 신앙생활(종교)로 인한 삶의 만족(행복)과 함께, 매우 건강하다고 인지하는 '정신 건강'과 이로 인해 형성된 수급과 탈수급에 대한 긍정적 '가치관' 형성 등이 '행복'과 더 나아가 탈수급 '의지'에 직·간접적으로 영향을 미치는 것으로 보인다. 또한 '자녀'와의 좋은 관계 역시 '행복'에 영향을 미치는

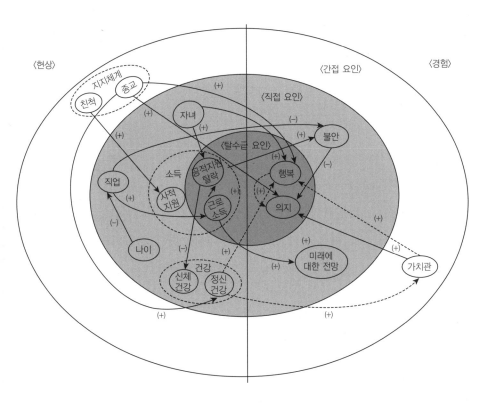

[그림 4-3] 사례 4

것으로 보이며, 과거 시아주버님(친척)의 경제적 지원(사적 지원)도
부채에 대한 부담을 많이 덜어 주었으며, 현재까지 남은 부채 역시
계획성 있게 갚아 나가고 있기 때문에 긍정적인 '미래에 대한 전망'
을 갖게 하는 것으로 보인다. 그러나 탈수급으로 인한 의료보험 비
용 부담이 치과 진료를 미루는 등 잠재적으로 '신체 건강'을 위협할
것으로 예측되며, 또한 현재의 많은 '나이'가 더 좋은 직장으로의
이직에 부정적으로 영향을 미치는 것으로 보인다. 요양보호사라는

'직업'의 불안정한 특성 역시 '불안' 요인으로 작용하는 것으로 판단된다.

### ③ 사례 6: 탈수급자

사례 6은 현재 탈수급 상태며, 탈수급 의지는 매우 높은 편이었다. 이 사례의 경우 현상인 '근로소득'과 경험인 '행복' '의지'가 탈수급의 주요 요인인 것으로 보인다.

사례 6은 남편과의 이혼 후 영업 사원을 하다 수급자가 되어 사회복지 관련 자활을 시작하게 되었는데, 이 과정에서 탈수급을 계획하며(의지) 야간대학에서 관련 전공을 공부하면서 자격증 취득을 병행하였다(공부). 이러한 경험을 바탕으로 사회복지 전문직에 취업을 하게 되었고(직업), 소득의 증가(근로소득)와 함께 본인의 의지대로 탈수급(공적 지원 탈락)이 되었다. 결국 탈수급을 해야겠다는 '의지'가 '공부'와 '직업'으로 연결되면서 실질적인 '근로소득'의 상승과 앞으로의 '학업 계획'을 통한 긍정적인 '미래에 대한 전망'이 현재 생활의 만족감(행복)에도 긍정적 영향을 미친 것으로 보인다.

사례 6은 비록 전체적인 경제적 수입은 줄었으나 아들과 함께 당당하게 살 수 있다는 점이 무엇보다 탈수급으로 인한 가장 큰 '행복'이라고 인식하고 있었다. 또한 이혼 후 삶의 지지체계가 된 '종교' 생활과 앞으로의 학업 계획은 '행복'과 탈수급 '의지'에 직·간접적으로 영향을 미친 것으로 보인다. 이혼 이후 현재까지 경제적 지원과 양육에 도움을 준 친정어머니와 여동생(친정 식구)은 현재 같이 동거하는 가족으로, '행복'과 탈수급 '의지'의 원동력이 되

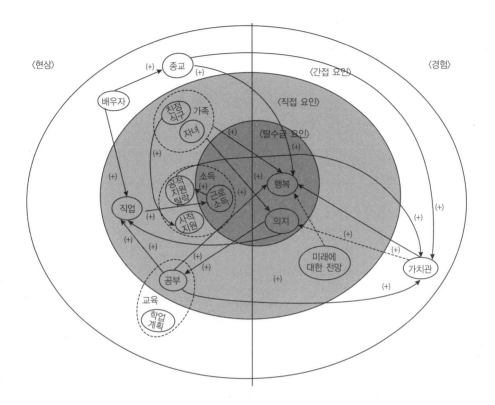

[그림 4-4] 사례 6

고 있다. 또한 수급을 받으면서 공적 지원에 대한 고마움과 함께 자신을 옭아매었던 자격지심, 여기에 '공부'와 '종교'를 통한 '가치관' 형성이 현재의 당당한 삶에 대한 높은 만족감(행복)에 긍정적 영향을 미친 것으로 보인다.

④ 사례 5: 수급자

사례 5는 현재 희망키움통장을 하고 있는 조건부 수급자며, 탈수급 의지는 높은 편이었다. 이 사례의 경우, 탈수급 주요 요인은 현상의 경우 '공적 지원'과 '근로소득'이며, 인식의 경우 '행복'과 '의지'인 것으로 보인다.

남편의 경우, 탈수급 '의지'가 매우 강한 편이며 현재 희망키움통장(공적 지원)으로 인해 '미래에 대한 전망' 역시 밝다고 보고 있었고, 수급정책과 탈수급에 대한 뚜렷한 '가치관'이 본인의 탈수급 '의지'에 중요하게 영향을 미치는 것으로 보인다. 그러나 '소득'과 관련된 국가 자격증 프로그램과 관련한 '교육'에 대해서는 심한 불

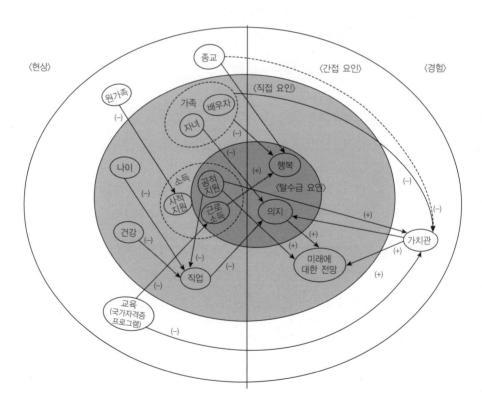

[그림 4-5] 사례 5

신감과 부정적 인식이 강했으며, 이는 '가치관' 형성에도 영향을 미친 것으로 보인다.

자활을 하고 있는 부인의 경우, 현재 생활에는 만족한 편이나(행복) 실질적인 탈수급은 '자녀'들의 학업이 끝난 이후가 되기를 희망하고 있다. 또한 다른 일을 하고 싶지만 조건부 수급 유지를 위한 자활(공적 지원)이 취업(직업)에 걸림돌로 작용하고 있으며, 이것이 탈수급 '의지'에도 부정적 영향을 미치는 것으로 보인다. 특히 외국인으로 '종교'에 대한 굳은 믿음으로 국제결혼까지 하게 되었으나, 현재는 '종교'에 대한 후회와 강한 불신이 현재의 만족도(행복)에 부정적 영향을 미치는 것으로 보이며, 이러한 '종교' 생활의 중단은 부부 모두의 가치관 형성에 영향을 미친 것으로 보인다. 또한 가족 간 관계가 원만치 않으며, 특히 자녀들과 아버지의 관계는 매우 소원한 편이고, 이 역시 현재의 '행복'에 부정적 영향을 끼치는 것으로 보인다. 부부 모두 원가족으로부터 지원(사적 지원)은 전무하며, 특히 남편은 비빌 곳 없이 늘 혼자 힘으로 살았다는 인식이 강한데, 이런 점이 탈수급 '의지'에도 영향을 미치는 것으로 보인다. 부인은 현재 허드렛일을 하고 있는 남편의 많은 '나이'와 '건강' 문제가 더 나은 구직 활동(직업)에 장애물로 작용하는 것으로 인식하고 있었다.

⑤ 사례 8: 수급자

사례 8은 현재 조건부 수급 상태며, 탈수급 의지는 높은 편이다. 탈수급 의지 관련 주요 요인은 현상에서 '근로소득', 경험에서는 '의지'인 것으로 보인다.

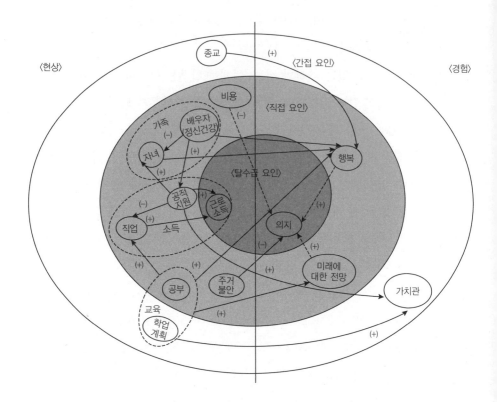

[그림 4-6] 사례 8

본인 스스로 적성에 맞는 자격증 취득을 위해 교육을 받고 있었다(교육). 교육과 공부를 통한 자격증 취득이 취업으로 이어질 것으로 기대하고 있었다(미래 전망). 이러한 기대와 희망이 탈수급에 대한 의지를 높이는 원인으로 작용하고 있는 것으로 보인다(의지).

과거, 남편의 정신적 장애(배우자)로 인해 경제적 심리적 고통을 겪었으나, 장애 등록 후 의료비 부담과 주거 문제가 줄어들고 자활을 통한 수급 등이 경제적인 부담감을 줄어들게 하여 마음의 여유가 생겼다. 이러한 마음의 여유는 미래에 대한 희망과 전망(미래 전망) 의지를 갖게 해 미래의 직업을 위한 도전을 하게끔 하였다(가치관). 그러나 자활센터에서 알선해 주는 직업훈련과 직업은 연구 참여자와 맞지 않거나 자녀를 양육하며 병행하기 어려웠기에 스스로 다른 일자리를 알아보게 되었다. 자활센터의 정보력과 개인적 노력에 대한 배려의 부족으로 학업 진행에 어려움이 있어 자활센터에 대한 부정적인 의식이 더 커졌다. 또한 중학생과 초등학생인 '자녀'들이 학교생활에서 겪고 느끼는 낙인화와 수치심 등은 사례자의 탈수급 의지를 커지게 하였다. '자녀'와 많은 대화를 통해 긍정적인 관계를 형성하고 있으며(행복), 타인이 자녀 양육에 대한 칭찬을 할 때 더 열심히 살아야겠다는 '의지'가 커졌다. 또한 남편의 정신적 병력이 자녀에게 대물림될까 두려운 생각에 더 탈수급을 통해 안정적인 환경을 만들고 싶은 마음도 있었다. 반면, 탈수급 의지를 약하게 만드는 요인들로는 탈수급 후의 '주거 불안'과 '자녀'의 교육비 부담이 있었다. 주택 지원과 자녀의 대학 등록금 문제가 해결된다면 당장 탈수급이 되어도 상관없다고 생각하고 있었다.

### (2) 낮은 탈수급 의지
#### ① 사례 2: 탈수급자
  사례 2는 현재 탈수급 상태며, 수급제도 몰이해로 탈수급이 되었기 때문에 탈수급 당시 탈수급 의지도 전혀 없었다. 탈수급 관련 주요 요인은 현상에서는 '근로소득', 경험에서는 '미래 전망'인 것으로 보인다. 비록 직업을 갖게 되면서 근로소득이 생겨 탈수급이 되

긴 했으나, 미래에 대한 전망이 불투명하기 때문에 다시 수급 지원
을 간절히 원하여 탈수급 의지는 매우 낮다고 볼 수 있다.

이 사례는 결혼 전까지 사회경제적 지위가 높았으나, 결혼 후 남
편의 사업 실패와 가정불화로 모든 것을 잃었다. 결국 이혼을 하고
수급자가 되었으나 전 남편(배우자)이 생활비 지원을 해 주지 않고
수급비마저 착취하여 계속 경제적 어려움을 겪었다(소득). 생계를
위해 직장을 구했으며(직업), 이전 근로 경력과 높은 학력(학력)으
로 비교적 수입(근로소득)이 안정적인 직장을 구할 수 있었다. 수급

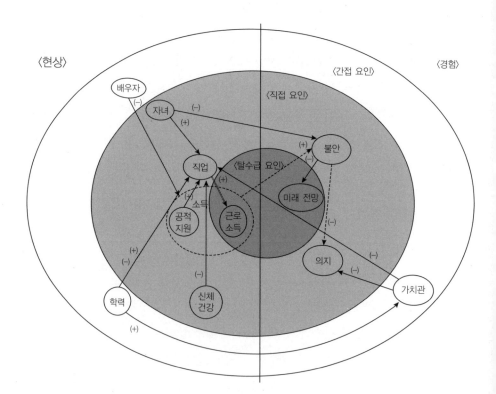

[그림 4-7] 사례 2

자 기준 이상의 근로소득이 몇 개월 생겼는데, 소득이 조사에 잡히면서 자연적 탈수급이 되었다. 하지만 탈수급 기준에 대한 정보가 전혀 없던 상황에서 바로 탈수급이 되어 매우 당황하고 힘들었다. 경제적으로나 육체적으로 더 힘들어질 것 같아(불안) 현재 절실하게 재수급 신청 후 결과를 기다리고 있는 상황이다. 수급 지원을 받는 과정에서 자존심 상하는 일도 많았지만, 수급 지원을 받으면서 아르바이트를 하는 것이 일반 직장에 다니는 것보다 시간적·경제적으로 이득이라는 생각을 갖고 있었다(직업, 가치관). 또한 과거에 사회적 지위(학력)도 높았기 때문에 교육의 중요성을 절실히 인식하고 있으나(가치관), 지금 상황에서는 똑똑한 자신의 자녀(자녀)들을 대학 공부까지 시켜 줄 수 없다는 생각(불안, 미래 전망)에 수급 지원이라도 꼭 받아야 한다고 생각하고 있었다.

② 사례 3: 수급자

사례 3은 현재 조건부 수급 상태며, 탈수급 의지는 낮은 편이었다. 탈수급 주요 요인은 현상에서는 공적 지원 '자활'과 '현물 지원'이며, 경험에서는 '의지'인 것으로 보인다. 자활이나 현물 지원 같은 공적 지원은 탈수급 의지에 부정적인 영향을 미치고 있었다.

이 사례는 대학에서 신학 공부를 하다가 사회복지에도 관심이 생겨 복수 전공으로 공부를 하고 있으며(학력), 전공 덕에 자활 업무도 주방 일에서 장애인 활동 보조로 변경되었다(자활). 국가 지원으로 미용 기술도 배우고 대학원 진학까지 고려하는 등 배움의 의지가 강한 편이었다(배움 의지).

이혼 후 처음 수급자가 되었을 때는 자존심도 너무 상하고 상처

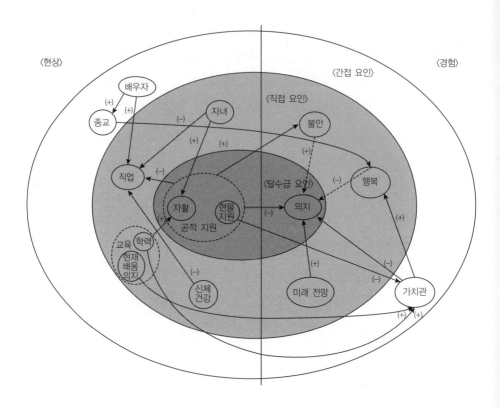

[그림 4-8] 사례 3

도 받는 등 심리적으로 힘들었기에 탈수급을 해야 한다고 생각했
다. 하지만 막상 수급 혜택(현물 지원)을 받아 보니 탈수급을 해야
할 이유가 없어졌다. 자녀 돌봄이 최우선이기 때문에 근로 시간이
긴 일반 직장(직업)을 갖고 싶은 생각이 없었으며, 근로소득이 발
생하여 탈수급이 되면 수급 혜택을 받지 못하므로(공적 지원) 그 손
실을 극복할 자신도 없었다(의지). 이 사례의 경우 배움의 의지도
있고 탈수급을 해야 한다는 생각도 갖고 있었지만, 결국 자녀 양육

과 수급 혜택 손실이 탈수급 의지를 꺾어 버렸다.

전 남편(배우자)이 외도를 하여 이혼을 했으나, 상처를 극복하고 자 일(직업)을 하기 시작하고 종교(종교)도 갖게 되었다. 믿음(종교) 에 의해 삶에 만족하게 되고 행복 정도도 높아졌다(행복). 하지만 지금 상태에서 만족하려는 마음을 갖다 보니 삶을 개척하려는 의 지가 줄어들게 되어 탈수급 의지도 낮아지게 되었다(의지).

③ 사례 7: 수급자

사례 7은 현재 조건부 수급 상태며, 탈수급 의지는 낮은 편이다. 탈수급 관련 주요 요인은 '의지'인 것으로 보인다.

이 사례의 경우, 탈수급 의지에 가장 큰 영향을 미치는 요인은 '공적 지원'이었다. 남편과 이혼 후 양육비를 제대로 받지 못하고 있는 상태에서 한부모가정 및 저소득가정으로 받는 현물·현금 지 원을 포기할 수 없는 상황이다. 원가족의 지원은 사례 7의 탈수급 의지에 긍정적인 영향을 미치지 않는 것으로 보였다. 동생의 도움 으로 동생의 사업을 돕는 일을 하고 있는데, 소득이 많지는 않지만 시간적·정서적 여유로움이 크기에 그저 동생이 월급을 조금만 더 올려 주기를 바라고 있었으며, 직업을 바꾸고 싶은 욕구는 없었다. 현재의 직장은 근로 시간이 여유롭고 근무 스트레스도 적기에 취 미 활동과 자조 모임 등을 할 수 있어 만족도가 높았다. 과거 학습 지 교사로 근무한 경험이 있었으나 밤늦게 끝나는 근로 시간과 자 녀 양육 등의 이유로 그만두었다. 그 후 동생의 일을 돕기 전에는 공적 지원을 받았기 때문에 직장 생활 등으로 인한 스트레스를 안 받아 오히려 마음이 편했으며, 이때 취미 생활도 할 수 있었다고

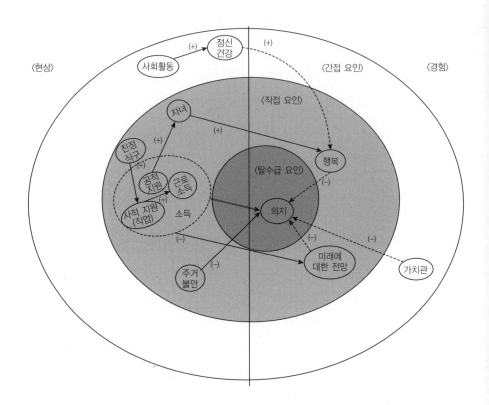

[그림 4-9] 사례 7

하였다(행복). 현재 15세 자녀 한 명을 두고 있으며, 자녀 또한 공적 지원을 싫어하지 않고, 지원으로 여러 가지 현물 및 현금이 생기는 것을 좋아하고 있다고 여기고 있었다. 자녀가 사춘기에 접어든 것 외에는 자녀와의 큰 갈등도 없이 만족하는 모습을 보였다. 현물 외의 공적 지원으로 컴퓨터와 양재교육(고용지원 프로그램)을 받았는데, 이러한 프로그램은 취업에 도움이 되지 않았으며 부정적 인식 형성에도 영향을 미친 것으로 보인다.

만족도가 높은 근로를 하면서 공공부조를 받기에, 사례 7은 자조 모임인 돌싱동호회를 통한 지지와 '사회 활동'을 통해 생활의 활력을 높이고 있는 것으로 보였다. 또한 이러한 자조 모임과 자녀와의 긍정적인 관계 및 근로소득 등은 현재 삶에 대한 만족(행복)으로 이어지고 있었으며, 이러한 만족(행복)은 탈수급 의지를 약화시키는 것으로 보였다.

## 2) 통합 분석

이 연구의 목적인 탈수급의 맥락을 이해하기 위해 총 8사례의 탈수급자와 수급자의 면접 내용을 현상과 경험으로 나누어 분석한 결과, 몇 가지 공통된 특징이 파악되었다. 먼저 경험인 탈수급 의지는 탈수급 여부와 항상 일치하지는 않았다. 즉, 탈수급 이전부터 탈수급에 대한 의지가 강해서 탈수급 이후 현재의 생활에 만족함을 드러내는 사례가 있는 반면, 비자발적 탈수급으로 현재의 생활을 힘들어하며 다시 수급자로 돌아가고 싶어 하는 탈수급 사례가 있었다. 수급자의 경우 역시 비록 수급 상태지만 강한 탈수급 의지를 보이는 사례와, 반대로 현재의 수급 생활에 만족해하며 탈수급을 원하지 않는 사례가 있었다.

이러한 특징별로 탈수급 맥락을 살펴보면 다음과 같은 차이점을 발견할 수 있다.

첫째, 탈수급 상태이면서 탈수급 의지가 높은 경우(사례 1, 4, 6)들은 모두 소득 증가로 인한 탈수급 사례들이며, 아직은 경제적으로 만족할 만한 수준은 아니지만 공통적으로 앞으로 나아질 것이라는 긍정적인 미래 전망을 갖고 있었다. 또한 다른 사례들과의 가장 큰 차이점으로 배우자와의 관계를 생각해 볼 수 있는데, 이들 역시 처음에는 배우자(남편)와 사이가 좋지 않아 이혼을 했거나(사례 1, 4) 사는 동안 갈등이 많았는데(사례 6), 현재는 사이가 좋아져 재혼을 했거나(사례 1) 상담이나 교육, 종교 등을 통해 현재 배우자에 대한 미움이나 원망에서 벗어나 상대방을 이해하고 정신적으로 건강한 생활을 하고 있는 것으로 보였다(사례 4, 6). 이러한 경험은 긍정적 가치관 형성과 현재의 행복에 지대한 영향을 미치는 것으로 예측되었다. 그 외에 원만한 가족 관계와, 특히 원가족으로부터의 물질적·정신적 지지, 학력 자체보다는 현재 배움의 의지 등이 건강한 가치관을 형성하는 데 도움을 주는 것으로 보였으며, 이러한 현상과 경험들이 직·간접적으로 행복과 탈수급 의지 향상에 도움을 주는 것으로 파악되었다.

둘째, 수급 상태이면서 탈수급 의지가 높은 경우(사례 5, 8), 앞의 사례들과 비교해 원가족의 사적 지지체계가 부재한 것이 가장 큰 차이점으로, 이 부분이 근로나 안정된 경제생활에 긍정적 영향을 미치지 못하는 것으로 보인다. 또한 모두 자녀의 교육비 부담이 가장 큰 걸림돌로 작용했으며, 이것이 탈수급을 유예하는 주된 요인으로 예측되며, 이는 탈수급이 소득 요인보다 지출 요인의 영향을 받는다는 노대명과 원일(2011)의 연구와 맥을 같이하는 것으로 파악된다.

셋째, 탈수급 상태이면서 탈수급 의지가 낮은 경우(사례 2), 원하지 않았고 그렇기 때문에 준비도 되지 않았던 탈수급 사례이기 때문에 불안감이 매우 높았으며, 미래에 대한 전망 역시 밝지 않은 것으로 파악되었다. 이혼 후 남편과 갈등이 계속되고 있으며, 별다른 지지체계가 없다는 점과 신체적으로 건강하지 않은 점, 그리고 자녀의 학업 걱정 등이 궁극적으로 탈수급 의지에 부정적 영향을 미치는 것으로 파악되고 있다.

마지막으로, 수급 상태이면서 탈수급 의지가 낮은 경우(사례 3, 7), 공통적으로 수급 혜택을 받는 현재 생활에 만족하고 행복을 느끼는 것이 두드러진 특징으로 나타나고 있는데, 이는 현재 행복을 느끼면서 앞으로의 삶이 나아질 것이라는 밝은 미래 전망을 가지고 있는 처음 사례들(탈수급 의지가 높고 탈수급 상태인 경우)과는 다른 맥락을 보이는 것으로, 상대적으로 다른 지지체계가 부족한 상태와 자녀 돌봄이 어려운 상황에서 수급 혜택이 오히려 처음 가졌던 탈수급 의지를 약화시키는 기제로 작용한 것으로 파악된다. 이상에서 보는 바와 같이 인식 주체인 연구참여자들이 갖게 되는 이러한 현상과 경험들은 직·간접적으로 탈수급과 탈수급 의지에 각기 다르게 영향을 미치면서 서로가 약간은 다른 맥락을 형성하는 것으로 파악되었다.

다음으로 공통되는 요인별로 살펴보면, 먼저 근로는 탈수급에 영향을 미치는 중요한 현상으로 파악되었는데, 이는 탈수급 요인에 관한 대부분의 선행연구들과 동일한 결과라고 볼 수 있다. 탈수급자들의 경우, 배우자의 소득이나 본인의 괜찮은 직장으로 인한 안정적인 수입으로 인해 탈수급을 하게 되었는데, 특히 본인 소득으로 인해 탈수급이 된 경우 성취감을 맛보게 되고, 이는 미래 전망을 긍정적으로 이끌어 탈수급 의지를 더욱 상승시켰다. 반면, 자활이나 불안정한 직장에 의한 소득일 경우, 더 좋은 직장을 갖고 더 많은 월급을 받겠다는 의지보다는 적은 돈을 벌면서 수급 상태를 유지하는 것을 더 선호하는 양상을 보였다.

탈수급과 탈수급 의지에 직접적인 영향을 미치는 공통된 요인들에서 먼저 경험의 경우, 행복은 탈수급 의지와 탈수급 유지에 긍정적 또는 부정적 영향을 주는 주요한 요인이었다. 긍정적인 경우는 주로 탈수급자이거나 수급자이더라도 탈수급 의지가 높은 경우로서 다양한 요인들, 즉 자녀나 종교, 소득, 교육 등이 중요한 행복의 원천으로 작용하는 것으로 보였다. 반면, 수급자이면서 의지가 낮은 사례의 경우, 행복이 오히려 탈수급 의지에 부정적 영향을 미치는 것으로 보였다. 가치관 역시 직접적인 요인으로 파악되었는데, 특히 탈수급 의지가 높은 경우 수급제도의 문제점이나 정신교육의 중요성 등에 대해 강도 높게 주장한 편이었으며, 수급 혜택에 대한 고마움을 표현하는 경우가 많았다. 미래 전망은 계획과 연관되어 있다고 볼 수 있는데, 예를 들어 희망통장, 부채 상환, 미래의 자녀 취업 등이 탈수급과 탈수급 의지에 긍정적으로 영향을 미치는 것으로 보였다.

현상의 경우, 자녀는 탈수급과 탈수급 의지에 긍정적·부정적 영향을 모두 미치는 것으로 보였는데, 긍정적으로는 자녀로부터 떳떳하기 위해, 또는 자녀들의 낙인감과 수치심 때문에 탈수급을 해야 한다는 인식을 갖게 하였으며, 부정적으로는 자녀 양육이나 교육비가 부담되어 탈수급을 두려워하게도 만들었다. 교육 역시 탈수급과, 특히 탈수급 의지에 영향을 미치는 것으로 보였는데, 여기서 교육은 대부분의 양적 연구에서 말하는 학력을 의미하지는 않았다. 즉, 과거의 학력 자체보다는 현재 배움의 의지가 더 중요

하게 작용하는 것으로 보였으며, 오히려 고학력이 현재의 구직 활
동에 부정적 영향을 미치는 경우도 있었다. 탈수급 의지가 높은 대
부분의 사례들은 현재의 배움이 탈수급에 직접적인 영향을 미쳤을
뿐 아니라, 행복감과 가치관 형성 등을 통해 간접적으로도 긍정적
영향을 미치는 것으로 보였다.

직업은 탈수급과 탈수급 의지에 중요한 영향을 미쳤는데, 안정
적인 직업은 긍정적 영향을 미쳤으나 불안정한 경우 불안을 높이
면서 탈수급 의지에 부정적으로 영향을 미치는 것으로 나타났다.

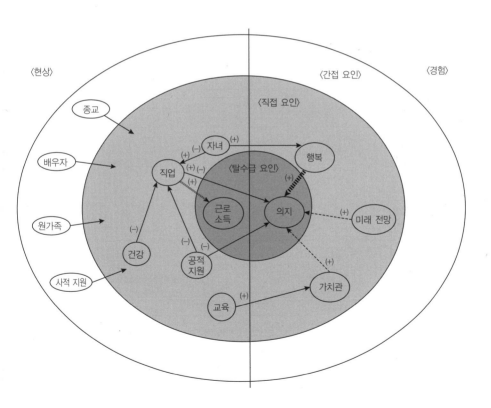

[그림 4-10] 공통되는 요인에 따른 사례통합

〈표4-2〉 통합 분석

| 현재 상태 | 사례 1 | 사례 2 | 사례 3 | 사례 4 | 사례 5 | 사례 6 | 사례 7 | 사례 8 |
|---|---|---|---|---|---|---|---|---|
|  | 탈수급 | 탈수급 | 조건부 수급 | 탈수급 | 조건부 수급 | 탈수급 | 조건부 수급 | 조건부 수급 |
| 탈수급 의지 | 높은 편 | 낮은 편 | 낮은 편 | 높은 편 | 높은 편 | 높은 편 | 낮은 편 | 높은 편 |
| 탈수급 주요 원인 | 〈현상〉<br>• 직업<br>• 근로<br>• 소득<br>〈경험〉<br>• 의지 | 〈현상〉<br>• 근로<br>• 소득<br>〈경험〉<br>• 미래 전망 | 〈현상〉<br>• 근로<br>• 소득<br>〈경험〉<br>• 의지 | 〈현상〉<br>• 공적 지원<br>• 탈락<br>• 근로<br>• 소득<br>〈경험〉<br>• 행복<br>• 의지 | 〈현상〉<br>• 공적 지원<br>• 근로<br>• 소득<br>〈경험〉<br>• 행복<br>• 의지 | 〈현상〉<br>• 공적 지원<br>• 탈락<br>• 근로<br>• 소득<br>〈경험〉<br>• 행복<br>• 의지 | 〈현상〉<br>〈경험〉<br>• 의지 | 〈현상〉<br>• 근로<br>• 소득<br>〈경험〉<br>• 의지 |
| 직접 요인 | 〈현상〉<br>• 사적 지원<br>• 자녀<br>• 배우자<br>• 원가족<br>• 학력<br>〈경험〉<br>• 행복 | 〈현상〉<br>• 공적 지원<br>• 직업<br>• 자녀<br>• 신체 건강<br>〈경험〉<br>• 불안<br>• 의지 | 〈현상〉<br>• 자활<br>• 현물 지원<br>〈경험〉<br>• 불안<br>• 행복<br>• 미래 전망 | 〈현상〉<br>• 사적 지원<br>• 직업<br>• 나이<br>• 자녀<br>• 건강<br>• 정신 건강<br>〈경험〉<br>• 불안<br>• 미래 전망 | 〈현상〉<br>• 사적 지원<br>• 직업<br>• 나이<br>• 건강<br>• 자녀<br>• 배우자<br>〈경험〉<br>• 미래 전망 | 〈현상〉<br>• 사적 지원<br>• 직업<br>• 공부<br>• 친정<br>• 식구<br>• 가족<br>〈경험〉<br>• 미래 전망 | 〈현상〉<br>• 근로<br>• 소득<br>• 공적 지원<br>• 사적 지원<br>• 자녀<br>• 친정<br>• 식구<br>• 주거 불안<br>〈경험〉<br>• 행복<br>• 미래 전망 | 〈현상〉<br>• 공적 지원<br>• 직업<br>• 공부<br>• 자녀<br>• 배우자<br>• 주거<br>〈경험〉<br>• 행복<br>• 미래 전망 |
| 간접 요인 | 〈현상〉<br>• 배움 의지<br>〈경험〉<br>• 미래 전망<br>• 친척 | 〈현상〉<br>• 배우자<br>• 학력<br>〈경험〉<br>• 가치관 | 〈현상〉<br>• 배우자<br>• 종교<br>〈경험〉<br>• 가치관 | 〈현상〉<br>• 종교<br>• 친척<br>〈경험〉<br>• 가치관 | 〈현상〉<br>• 종교<br>• 원가족<br>• 교육<br>〈경험〉<br>• 가치관 | 〈현상〉<br>• 종교<br>• 배우자<br>• 학력<br>• 계획<br>〈경험〉<br>• 가치관 | 〈현상〉<br>• 정신 건강<br>• 사회 활동<br>〈경험〉<br>• 가치관 | 〈현상〉<br>• 종교<br>• 학업<br>• 계획<br>〈경험〉<br>• 가치관 |

공적 지원 역시 직·간접적으로 긍정적·부정적 영향을 미치고 있었는데, 공적 지원을 받음으로써 힘든 시기에 도움이 되었다는 점은 공통적이나, 그렇기 때문에 이제는 더 어려운 사람이 받아야 한다는 가치관으로 영향을 미치는 경우와 그 안락한 도움이 직업과 근로소득에 오히려 부정적 영향을 미치는 경우도 있었으며, 또한 공적 지원을 받으며 느낀 수급자로서 자격지심이 탈수급 의지를 강화시키는 사례도 있었다. 건강 역시 탈수급과 의지에 영향을 미쳤는데, 특히 병이 있거나 건강치 못한 경우 탈수급 의지에 부정적으로 영향을 미치는 것으로 보였다.

그 외에 종교와 배우자, 원가족, 사적 지원 등이 간접적으로 탈수급과 의지에 영향을 미치고 있었다. 특히 일부 사례에서는 종교와 원가족이 지지체계로서 매우 중요한 맥락을 형성하고 있었으며, 대부분의 사례가 이혼으로 인한 한부모 사례이므로 배우자는 대체로 부정적 영향을 미치는 것으로 보였다.

## 5. 결론

이 연구는 탈수급 여부와 탈수급 의지에 영향을 미치는 여러 요인들을 파악하고 전반적인 탈수급 맥락을 이해하고자 하였다. 다시 말해, 탈수급 촉진을 위한 요인만을 밝히는 것이 아니라, 포괄적인 탈수급 관련 결정 요인과 저해 요인의 맥락을 제공함으로써 기존의 단편적인 연구에서 벗어나 복합적이고 입체적인 시각을 통한 이해와 제도 접근의 필요성을 제안하려는 것이다. 이를 위해 크게 현상과 경험으로 나누어 직접 요인과 간접 요인 등을 설명하였고, 다음과 같은 결론에 도달하였다.

첫째, 탈수급 여부와 탈수급 의지의 기준에 의해 구분된 집단별 맥락을 살펴보면 공통점과 차이점이 발견된다. 일단 탈수급에 이르는 데 있어 근로나 안정된 경제생활이 중요한 부분인데, 여기에는 특별한 근로 능력이나 학력보다는 원가족과 같은 사적 지지체계의 심리적·물질적 지원이 중요한 자원으로서 영향을 미치는 것으로 보였다. 또한 대부분이 배우자와의 관계에서 어려움을 나타냈으나, 상담이나 교육, 종교 등을 통해 심리적 역량이 강화되어 배우자에 대한 원망이 어느 정도 해소된 일부 사례들은 모두 긍정적인 가치관과 밝은 미래 전망 등을 가지면서 탈수급 의지가 높게 나타났다. 이는 탈수급 유도에 있어 물질적 지원 못지않게 심리적·정서적 지원의 중요성을 간접적으로 보여 주는 것이라 사료된다.

둘째, 이 연구에서 밝혀 낸 탈수급 관련 요인 중 가장 큰 영향력을 가진 주요 요인은 현재 수급 지위 혹은 탈수급 경험 여부 자체보다는 탈수급 의지인 것으로 나타났다. 따라서 탈수급 지위나 경험이 아닌 탈수급 의지가 중심 기준이 되어 다른 요인들 간의 맥락 도식이 형성되었다. 탈수급 의지에 따라 맥락을 살펴보면, 탈수급 의지가 있는 경우 탈수급 의지가 없는 사례에 비해 다른 요인에 긍정적인 맥락 관계가 상대적으로 더 많이 형성되어 있는 것을 알 수 있었다. 탈수급 여부는 탈수급 의지와 반드시 일치하지는 않았고, 마찬가지로 수급자의 경우도 탈수급 의지에서 차이를 보이고 있었다. 이는 성공적·행정적 탈수급(노대명·원일, 2011)과 탈빈곤적·

탈제도적 수급 탈출(이원진, 2010)의 연구와 맥을 같이하는 내용으로, 단순히 탈수급 여부와 같은 단편적인 연구나 해석에서 벗어나야 함을 알려 주는 결과라고 볼 수 있다. 이러한 입체적인 시각은 복잡하고 다양한 탈수급 맥락을 포괄적으로 조망하고 이해하며, 성공적이며 탈빈곤적인 탈수급정책에 실천적 함의를 제공할 수 있을 것이다.

셋째, 탈수급 맥락에 영향을 미치는 요인들 간의 관계도 단선적인 일방향이 아니라는 점이다. 양적 연구에서는 직업이나 근로소득이 탈수급에 긍정적인 요인이 된다고 밝혔으나, 이 연구에서는 사례에 따라 긍정적·부정적으로 영향을 미치는 것으로 나타났다. 교육 역시 직업을 갖는 데 긍정적·부정적 요인으로 동시에 작용하고 있었으며, 여기에는 학력 외에 현재 배움의 의지나 직업을 위한 교육 등이 포함되었다. 그러나 대부분의 선행연구들에서 탈수급 주요 요인이라고 밝힌 학력은 이 연구의 탈수급 맥락에 중요하게 작용을 하지 않은 반면, 오히려 현재 배움의 의지가 더 많은 영향을 미치는 것으로 나타났다. 이런 결과에 있어서는 이 연구참여자들의 학력이 전반적으로 높다는 것이 영향을 미쳤을 것으로 예측된다. 즉, 고학력인 경우 학력 자체가 탈수급이나 의지에 큰 영향을 미치지 않았으나, 저학력은 부정적 영향을 미쳤을 수도 있을 것이라는 예측이 가능하기 때문에 학력과 탈수급 맥락의 관계에 대해서는 후속연구가 필요하다.

넷째, 탈수급 맥락에 있어 무엇보다 행복이 중요한 요인으로 밝혀졌다. 행복이 탈수급과 탈수급 의지에 영향을 미치는 데 있어 경제적인 부분과 가족 간 관계, 종교나 원가족과 같은 지지체계 등이 중요한 원천으로 작용하고 있음이 파악되었다. 또한 행복이 반드시 탈수급 의지에 긍정적 영향만을 미치는 것이 아니라, 특히 수급자인 경우 수급 관련 혜택들로 인한 현재의 만족감이 행복으로 연결되면서 오히려 탈수급 의지에 부정적 영향을 미치는 것으로 보였다. 행복은 극히 주관적 요인으로 양적 연구에서는 다루기 힘든 부분이었기 때문에 그동안 탈수급 관련 연구에서는 배제되어 왔다. 그러나 이 연구를 통해 행복이 탈수급 맥락에 있어 중요한 직·간접 요인으로 밝혀졌으며 이는 추후 연구의 중요한 근거가 됨을 보여 주고 있다. 또한 탈수급에 대한 실천적 함의에 있어서 행복에 미치는 요인들에 대한 탐색은 수급자들에 대한 지원의 내용과 질적인 면의 제고 필요성을 보여 주는 결과라고 할 수 있다.

다섯째, 대부분 사례에서 자녀의 양육비와 교육비 부담이 탈수급 의지에 주요한 저해 요소로 나타났다. 단 한 사례에서만 자녀 요소가 영향을 미치지 않았는데, 이를 상쇄한 요소는 대상자의 안정적인 직장이었다. 그러나 실제로 수급자라는 특성상, 단시간에 안정적이고 괜찮은 직장을 갖기는 쉽지 않으며, 이런 점으로 볼 때 앞 사례는 현실적으로 드문 경우라고도 볼 수 있다. 따라서 성공적인 탈수급을 위해서는 안정적인 직장을 제공하는 것도 물론 중요하지만, 현실적으로 탈수급을 저해하는 요인들의 수준을 낮추기 위한 제도적 뒷받침이 중요하다고 볼 수 있다.

이러한 연구 결과에 근거하여 자발적이고 성공적인 탈수급을 촉진하기 위한 지침들을 다음과 같이 제안한다.

첫째, 탈수급 맥락에 있어 다양하고 복잡한 요인들이 개인에 따라 일관되지 않게 적용되고 있음을 이해하는 것이 무엇보다 중요

하다고 볼 수 있다. 즉, 기존의 양적 연구를 통한 몇 가지 공통적
요인을 실천 현장이나 정책의 주요 기준으로 삼아 일괄 적용하는
것이 오히려 우리가 바람직하다고 보는 자발적이며 성공적인 탈
수급의 발목을 잡을 수 있다는 것을 인식할 필요가 있다는 것이다.
대표적인 예로, 근로를 촉진하고 이를 바탕으로 한 소득을 탈수급
의 주요 지표로 삼고 있는 현재의 통합적 급여체계는 오히려 탈수
급 저해 요인으로도 작용하고 있다는 점이다. 즉, 수급 기준을 약
간 선회하는, 그렇지만 여전히 열악한 급여를 통해 주어지는 탈수
급자라는 떳떳한 자격보다는 오히려 근로소득이 발생하여 탈수급
됨으로써 국가의 보호로부터 떨어져 나갈지도 모른다는 불안감
과 경제적 부담감이 수급자들로 하여금 저임금의 불안정한 일자리
를 선호하게 만들고 있다. 그러나 작년에 맞춤형 통합서비스 제공
을 표방하며 신설된 '희망복지지원단'은 이렇듯 불합리한 현재의
수급체계와 복지서비스체계에 새로운 방향을 제시할 것으로 기대
된다. '희망복지지원단'은 기초수급자 및 차상위 계층의 탈빈곤과
빈곤 예방을 주요 목표로 하며, 더 나아가 전체 지역주민의 다양
한 복지 수요에도 능동적으로 대응하기 위해 개별 사례관리 및 방
문형 서비스 연계체계를 구축한 통합사례관리를 통해 공공·민간
의 급여, 서비스, 자원 등을 맞춤형으로 연계·제공하고 그 과정을
계속해서 모니터해 나가는 역할을 수행하게 된다(문화체육관광부,
2012). 아직은 시행 초기 단계지만 기존의 일률적이고 편파적이던
체계에서 현재 직면하고 있는 문제점들을 극복하기 위한 노력의
일환임은 분명해 보이며, 이제는 이 제도가 본래 목적과 시행 의도
가 변질되지 않고 제 기능을 수행할 수 있도록 정책 수립자, 실무

자, 연구자 등 모두가 노력해야 할 것이다.

　둘째, 지금까지 탈수급과 관련된 대부분의 연구에서는 눈에 보이고 측정 가능한 현상 위주로 탈수급을 다루고 있는 반면, '경험'적인 부분은 극히 일부분이며 대부분 그 중요성이 부각되지 못했던 것이 사실이다. 그러나 이 연구에서 밝혀진 바와 같이 단순히 탈수급 여부라는 현상만이 아닌 탈수급 의지가 탈수급 맥락에서 매우 중요할 뿐만 아니라, 이러한 탈수급 의지에 행복이라는 경험이 역시 주요한 요인으로 나타나고 있다. 또한 매우 주관적이며 복합적인 이 행복이라는 요인은 주어진 조건이 비슷함에도 그 인식 정도나 영향 요인이 상이했으며, 가족 관계 · 종교 · 원가족 · 직업 등 다양한 현상적 · 경험적 요인들이 얽혀 상호 영향을 미치고 있었다. 또 다른 예로 많은 양적 연구들에서는 학력이 탈수급에 주요 요인으로 다루어져 왔으나 이 연구에서는 학력 그 자체보다는 현재 배움에 대한 의지가 오히려 탈수급과 탈수급 의지에 더 큰 영향을 미치는 것으로 조사되었으며, 실제로 어떤 대상자의 경우 높은 학력이 오히려 탈수급 맥락에서 저해 요인으로 작용하고 있었다. 그리고 대부분의 연구참여자들 역시 수급자로서 살아온 인생에서의 큰 교훈으로 다양한 교육의 필요성을 강조하고 있었다. 이는 학력의 중요성을 배제하자는 것이 아니라 대상자들의 욕구를 파악하여 인적자본 수준을 높일 수 있는 프로그램을 신설하고 질적 향상을 도모해야 할 필요가 있음을 밝히는 것으로, 현상 수준의 요인 못지않게 경험 수준의 요인에 대한 연구와 이를 기반으로 한 정책의 필요성을 제안하는 바이다.

　셋째, 수급 탈출 결정 요인 못지않게 탈수급을 저해하는 요인들을 중요하게 다루어야 할 것이다. 실제로 자녀가 있는 대상자의 경우 양육비와 교육비 부담이 탈수급의 큰 걸림돌로 작용하고 있었으며, 고연령이거나 의료 혜택이 지속적으로 필요한 경우 의료비 부담이 불안감을 가중시키며 결국 탈수급을 하는 데 방해가 되고 있었다. 이는 탈수급, 탈빈곤과 관련된 여러 연구들에서도 연구자나 또는 질적 연구의 경우 연구참여자의 진술로 확인된 바 있고, 이런 이유로 현재의 통합 급여체계의 문제점이 점점 부각되고 있다. 이러한 점에 있어서는 교육이나 의료 급여에 대한 유예 기간을 제공하는 등의 이행급여제도가 대두되고 있는 현 문제들을 완화하는 데 도움을 줄 수 있을 것이다. 또한 가족 간의 갈등이나 사회로부터의 고립 등의 문제에 있어서는 조금 다른 차원에서의 접근이 필요할 것이다. 즉, 상담이나 치료 등을 통해 심리적인 상처를 치유해 주거나 자존감을 향상시켜 줌으로써 삶에 대한 적극적 태도와 행복을 느끼도록 유도하는 것이 궁극적으로 우리가 지향하는 자발적이며 성공적인 탈수급으로 향할 수 있으며, 또한 그 과정 속에서도 긍정적인 효과를 기대할 수 있을 것이다.

지금까지 살펴본 바와 같이, 이 연구는 여러 가지 의의를 가지고 있으면서 동시에 몇 가지 한계점을 갖는다.

첫째, 질적 연구가 일반화를 목적으로 하지 않지만 8사례로 저소득층의 탈수급 맥락을 설명하기에는 한계가 있다는 것이다. 두 번째는 대부분의 사례에서 '현상' 요인과 '경험' 요인이 양방향이 아닌 일방향으로 치우치는 경향을 보인다는 것이다. 연구 설계 시 일방적 방향성을 설정하지 않았음에도 '현상'에서 '경험' 요인으로 방향성이 치우쳐 나타나는 것은 이 연구가 2012 질적 패널 자료 중 탈수급 의지와 탈수급 여부에 초점을 두어 분석 가구를 선정하였기 때문에 나타나는 한계로 보인다. 또한 '현상'의 경우 인식 주체의 목소리에 의해 나타난 객관적인 요인인 경우가 많고, '경험'의 경우 연구자에 의해 발견된 주관적인 요인이 많기 때문에 '현상'에서 '경험'으로 가는 방향성은 구체적으로 드러나는 사실이지만, 반대로 '경험'에서 '현상'으로 가는 방향성은 연구자의 해석이 반영되어야 하기 때문에 부득이하게 한 방향성이 더 두드러지게 나타나게 된 것으로 보인다. 이에 추후 연구에서 이러한 부분을 좀 더 고려하여 저소득가구들의 '현상'과 '경험'의 상호작용에 관심을 두고 접근한다면 저소득층의 탈수급 맥락을 파악하는 데 더 도움이 될 것이며, 이 연구에서 나타난 맥락을 토대로 다른 개념으로 확장하여 나아갈 수 있다는 것에 그 의미를 부여하고자 한다.

# 📖 참고문헌

강신욱·이현주·구인회·신영전·임완섭(2006). 기초생활보장제도 수급자동태 및 관련요인 분석. 서울: 보건복지부·한국보건사회연구원.

구인회·강병구·이현주·안서연·이원진(2008). 탈수급 및 수급예방을 위한 공공부조 개선방안 연구. 서울: 서울대학교 사회복지연구소.

권덕철(2011). 빈곤정책제도개선기획단에 바란다: 우리빈곤현실에 부합하는 한국형 빈곤정책 모델 제시를 바라며. 보건복지포럼, 177, 6-9.

권승(2005). 비취업대상 조건부 수급자의 수급권 탈피에 관한 연구. 사회복지정책, 22, 179-202.

권지성(2012). 사회복지 질적 연구접근의 재구성: 그리고, 은밀한 맥락을 찾아서. 사회복지연구, 19, 159-181.

김경희·김기덕·박지영(2011). 질적 연구의 타당도 담론에 관한 탐색적 연구 - 주관성과 사회성의 긴장을 중심으로. 한국사회복지학, 63(2), 155-177.

김교성·강철희(2003). 취업대상 조건부 수급자의 경제적 자활로의 진입에 영향을 미치는 요인에 관한연구. 한국사회복지학, 52, 5-32.

김교성·노혜진(2009). 빈곤 탈피와 지속기간에 관한 실증적 연구: 생존표 분석과 위계적 일반화선형 분석. 사회복지정책, 36(3), 185-212.

김미곤(2008). 근로 능력 수급자의 탈수급 방안. 보건복지포럼, 141, 73-81.

김정현(2012). 가난한 이혼여성의 사회적 배제 경험과 기제. 박사학위논문, 가톨릭대학교.

노대명·원일(2011). 국민기초생활보장제도 취업수급가구의 탈수급 결정 요인에 대한 연구: 성공적 탈수급 및 행정적 탈수급을 중심으로. 한국지역사회복지학, 37, 333-360.

문화체육관광부(2012.05.07). 시군구 '희망복지지원단', One Stop 복지서비스 체계 운영. 대한민국정책포털 공감코리아. http://www2.korea.kr/newsWeb에서 2012. 01. 29. 인출.

박능후(2005). 국민기초생활보장제도 수급자의 근로동기 강화요인 연구. 사회보장연구, 21(4), 227-254.

백학영·고미선(2007). 자활사업 참여자의 자활사업에 대한 인식과 노동시장 진입 전망에 관한 연구. 사회복지정책, 30, 83-114.

백학영·조성은(2012). 자활사업 참여자의 수급 지위와 노동시장 지위 변동. 사회
　　복지연구, 43(1), 143-178.

보건복지부(2012). 국민기초생활보장사업 안내. 서울: 보건복지부.

보건복지부(2012). 2011년 국민기초생활보장 수급자 현황. 서울: 보건복지부.

신명호(2007). 근로연계복지제도로서우리나라자활사업의특징. 도시와 빈곤, 4(4),
　　69-92.

안서연·구인회·이원진(2011). 국민기초생활보장제도 수급 탈출 결정 요인: 근
　　로 능력자 집단별 분석. 사회복지정책, 38(1), 199-226.

여유진·김미곤·김계연·임완섭·고연분(2004). 국민기초생활보장제도 선정 및 급
　　여 평가. 서울: 한국보건사회연구원.

유태균·윤성원(2012). 공공부조 수급자의 자활사업 참여 이후 삶에 관한 탐색적
　　고찰. 사회복지정책, 39(1), 85-108.

유태균·이선정(2011). 기초생활보장 수급가구의 탈수급 전·후 의료서비스 이용
　　수준 차이에 관한 연구. 사회보장연구, 27(1), 185-215.

이상록(2003). 자활사업에 대한 자활사업 참여자의 인식과 태도가 자활사업의 성
　　과에 미치는 영향. 사회복지연구, 21, 105-136.

이원진(2010a). 국민기초생활보장제도 수급동태의 특성 및 수급 탈출의 결정 요
　　인 분석. 한국사회복지학, 62(3), 5-29.

이원진(2010b). 국민기초생활보장제도 수급 지위 변화와 우울의 관계. 한국사회복
　　지학, 62(4), 249-274.

이태진·김태완·최현수·김문길·우선희·박경희 외(2008). 2008년 국민기초생
　　활보장제도의 자활기반조성에 대한 모니터링 및 평가. 서울: 한국보건사회연구원.

이현주(2008). 국민기초생활보장제도 모니터링을 위한 기초 연구. 서울: 한국보건사회
　　연구원.

이현주·안선연·박경희(2009). 가난한 사람들의 일과 삶: 심리사회적 접근을 중심으
　　로. 서울: 한국보건사회연구원.

최현수·정혜숙·권지성·이은미·정선욱·조준용 외(2011). 한국복지패널 연계
　　질적 패널 구축을 위한 기초 연구-저소득층 양적 & 질적 연계 패널 조사. 서울: 한국
　　보건사회연구원.

황정임(2004). 빈곤여성의 자활과정에 관한 근거이론 연구. 박사학위논문, 이화여
　　자대학교.

Ayala, L., & M, Rodriguez. (2007). What determines exit from social assistance in Spain?. *International Social Welfare, 16*, 168-182.

Bäckman, O., & Bergmark, A. (2011). Escaping welfare? Social assistance dynamics in Sweden. *Journal of European Social Policy, 21*(5). 486-500.

Bergmark, A., & O. Backman. (2004). Stuck with welfare? long-term social assistance recipiency in Sweden. *European Sociological Review, 20*(5), 425-443.

Canto, O. (2002). Climbing out of poverty, falling back in: low income stability in Spain. *Applied Economics, 34*, 1903-1916.

Dahl, E., & T. Lorentzen. (2003). Dynamics of social assistance: the Norwegian experience in comparative perspective. *International Social Welfare, 12*, 289-301.

Mood, C. (2012). Social assistance dynamics in Sweden; duration dependence and heterogeneity. *Social Science Research*, 1-20.

# 제5장

# 사회복지사들이 경험한
# 이직의 맥락과 패턴[1]

권지성[2](침례신학대학교)
박애선[3](영남이공대학교)
이미선(전북대학교)
이현주(성균관대학교)

## 1. 서론

　사회복지사 A는 1년 전에 현재의 직장으로 자리를 옮겼다. A는 총무팀에 소속되어 있었지만 회계 업무 보조 정도였고, 주로 교육 사업을 맡아 일했다. 그런데 갑자기 총무 담당자가 퇴사하면서 상황이 달라졌다. 그 담당자가 하던 일을 모두 떠맡게 되었기 때문이다. 원래 하던 일을 계속 하면서 다른 사람이 맡던 일을 고스란히 하게 되었고, 더군다나 한 번도 해 보지 못했던 회계 업무를 하게 되었기 때문에, 결국 이중 삼중의 부담을 안게 된 것이다. 그런데도 기관에서는 업무 분장을 새로 한다거나 새로운 직원을 채용할 움직임을 보이지 않았다. 과부하가 걸린 상태에서, 언제 끝날지도 모르는 낯설고 적성에도 맞지 않는 일을 한다는 것. 결국 A는 이직을 결심하게 된다. 그래서 새로운 직장을 알아보게 되었고, 적당한 곳을 발견하여 준비를 하게 되었다. 그런데 채용에 필요한 서류 중 하나로 재직증명서를 뗐더니 상사가

1) 권지성 · 박애선 · 이미선 · 이현주(2013). 사회복지사들이 경험한 이직의 맥락과 패턴. 한국사회복지학, 65(4), 195-220.
2) 주 저자
3) 교신 저자

이직할 생각이냐고 물어보았다. 피해 갈 방법이 없다고 생각되어 그렇다고 대답했는데, 그 상사는 '결정되면 알려 달라'며 무심하게 답하고 넘어갔다. A는 준비하던 기관에 지원하여 합격 통보를 받았고, 한 달 만에 새로운 직장으로 옮겨 가게 되었다.

이 사례는 사회복지이론과 현장에 어떤 함의를 가지고 있을까? 사회복지사 1명의 이직은 어떤 의미를 가지고 있을까? 이 연구는 이러한 질문들에서 시작되었다. 먼저 사회복지 현장의 측면에서 살펴보면 A의 이직은 사회복지사 개인의 경력과 일상생활에 영향을 줄 뿐만 아니라, 그가 담당하던 업무와 그 일을 통해 관계를 유지해 온 클라이언트, 그리고 사회복지 조직에 동시에 또는 연속적으로 영향을 미치게 될 것이다. 전임자의 이직을 통해 A가 이중업무를 맡게 된 것처럼 A가 이직함으로써 그가 하던 업무는 다른 사회복지사에게 맡겨지거나 새로운 사회복지사의 채용으로 이어질 것이다. 결국 A의 이직은 그가 연결되어 있는 사회적 관계망의 모든 요소들에 크고 작은 변화를 가져오게 된다. 이러한 변화가 좋은 것일까? 그럴 수도 있고 그렇지 않을 수도 있을 것이다. 중요한 것은 사회복지 행정의 측면에서 긍정적인 영향을 극대화하고 부정적인 영향을 최소화하는 개입 전략을 마련하는 일이 될 것이다. 우리는 그러한 개입이 어떠한 것인지 알 필요가 있으며, 그것을 이 연구를 통해 부분적으로나마 파악하고자 한다.

이 사례와 관련하여 사회복지 행정이론의 측면에서는 '이직' 현상과 그 원인이라고 예측되는 영향 요인들을 파악해 볼 수 있다. 선행연구들의 대부분을 차지하는 양적 연구접근을 통해서 보면,

이 사례의 이직 영향 요인은 '직무 스트레스' '소진' '직무 정체성' 등이 될 것이다. 그리고 그에 대한 대응 방안은 과다한 업무를 맡기지 않도록 적절히 업무 분장을 함으로써 디스트레스를 줄이고 소진을 예방하며 사회복지 업무에 대한 정체성을 강화할 수 있도록 교육 훈련을 강화하는 방법 등이 있을 것이다. 그런데 우리는 이러한 요인들만으로는 이 사례를 충분히 설명할 수 없다는 사실을 발견하게 된다. 즉, 전임자의 갑작스러운 이직, 일이 줄어들지 않을 거라는 불안감, 기관의 수수방관, 상사의 무심함 등의 요인들이 드러나지 않게 된다. 그리고 그 요인들의 배경이 되는 요인들과 맥락은 더욱더 파악되지 않고 있다. 앞에서 언급한 요인들 중 하나만 달라졌더라도 A는 이직의도를 바꿨을지 모른다. 그렇다면 우리는 이직 현상을 설명하기 위해 더 풍부하고 구체적인 요인들과 맥락을 파악할 필요성을 느끼게 된다.

이직에 대한 선행연구들의 관심은 일차적으로 사회복지 현장의 다양한 당사자들에 대한 이직의 영향에 맞춰져 있다. 우리가 가장 중요하게 고려하는 대상으로서 클라이언트 집단은 사회복지사의 이직으로 인해 대체로 부정적인 영향을 받을 것으로 가정되고 있다(김성한, 1997; 강현아 외, 2008; 강현아, 2011; 양점도 · 정영주, 2012). 개입의 형태에 따라 달라지기는 하지만 사회복지 실천은 사회복지사와 클라이언트 간의 지속적인 관계를 토대로 이루어진다. 클라이언트를 제대로 돕기 위해서는 그들의 심리사회적 측면들을 깊이 이해해야 하기 때문이다. 사회복지사가 이러한 원칙을 내재화한 상태에서 클라이언트와 관계를 맺고 서비스를 제공해 왔다면, 사회복지사의 이직은 그 자체만으로도 클라이언트에게 부정적인 영향을 미칠 수 있다. 또한 직접 관계를 맺지 않았다고 하더라도 클라이언트 집단과 지역사회 주민 같은 사회 구성원들의 신뢰감을 저하시킬 수도 있다(김성한, 1997; 강현아 외, 2008; 양점도 · 정영주, 2012).

다음으로 많은 영향을 받게 되는 이들은 같은 직장에서 일해 온 동료들이 될 것이다. 이 동료 집단에는 입사 동기를 포함한 같은 직급의 동료들뿐만 아니라 상급자들과 하급자들도 포함된다. 동료 구성원이라는 하위 체계의 이탈은 동료들의 사기와 조직 분위기를 저하시킬 수 있으며, 새로운 직원을 채용하고 훈련시키는 데 들어가는 인적 · 물적 자원의 낭비를 고려할 때 조직의 효율성을 떨어뜨릴 수 있고(김성한, 1997; 강현아 외, 2008; 양점도 · 정영주, 2012), 반드시 부정적인 측면은 아니더라도 상위 체계로서 부서와 조직의 변화를 일으키기 마련이다.

마지막으로, 사회복지사의 이직은 직장을 떠나는 사회복지사 본인에게도 다양한 방식으로 영향을 미치게 될 것이다(양점도 · 정영주, 2012). 대부분의 이직은 이전 직장의 낮은 급여 수준, 불충분한 복리 후생, 적성에 맞지 않는 일, 직무에 대한 불만족, 조직에 대한 불만 때문이고(한국사회복지사협회, 2011), 따라서 이직은 더 나은 수준의 급여와 복리 후생, 적성에 맞는 일, 만족스러운 일과 조직을 찾는 과정이라고 할 수 있을 것이다. 그런데 어떤 경우들은 이러한 이직이 성공하여 사회복지사 당사자에게 긍정적인 영향을 미칠 수도 있지만, 다른 경우들은 부정적인 영향을 미칠 수도 있다. 또한 더 나은 경력을 쌓거나 더 나은 업무 환경을 찾거나 더욱 적성에 맞는 일자리를 찾는 등 긍정적인 방향의 이직으로 보이는 경우라고 하더라도, 자신이 몸담고 있던 직장을 떠나 새로운 환경에 들어가고 그 안에서 적응하는 것은 결코 만만치 않은 일일 것이다.

이처럼 사회복지사의 이직은 관련 당사자들과 조직에 대체로 부정적인 영향들을 미칠 가능성을 내포하고 있음에도, 이직과 관련된 복잡한 맥락과 이직 과정의 패턴에 대해서 실천적으로나 이론적으로 구체적으로 탐색된 경우는 많지 않은 것으로 보인다. 사회복지사의 이직에 대한 선행연구들을 검토해 보면, 이직 실태를 파악하려는 연구들과 이직(의도)을 종속변수로 설정하여 그에 영향을 미치는 요인들을 파악하려는 연구들로 나눠 볼 수 있다. 국내외를 막론하고 이러한 연구들은 대부분 양적 연구접근을 활용하여 이직(의도)과 관련된 요인들을 파악하려 시도하였으며, 이미 이직한 사회복지사를 대상으로 하여 이직 자체를 살펴보기보다는 현직 사회복지사를 대상으로 하여 이직의도를 파악하려 하였다.

이직의도에 관한 국외 문헌들은 다양한 학문 분야에서 다양한 형태로 이루어졌다. 장윤정(2011)은 이직의도에 관한 국외 문헌들을 검토하고 단계별로 구분하였는데, 이를 요약하면 다음과 같다. 1단계에서는 이직의도와 관련 요인 간의 단순한 관계성을 검토한 것이 주류를 이루는데, 개인적 요인(연령, 성별, 교육력, 재직 기간 등), 심리적 요인(우울, 소진, 직무 만족 등), 조직적 요인(역할 스트레스, 조직 헌신 등), 경제적 요인(평균 소득, 지역의 경제 상태 등) 등이 관련 요인으로 포함되었다(장윤정, 2011). 2단계에서는 이직의도의 발생 과정에 대한 인과 모델이 제시되어 복수 요인 간의 관계성을 검토하였다. Muchinsky와 Mmarrow(1980)와 Mobley 외(1979)는 이직의도를 설명하기 위한 이론적 모델을 구축하여 분석하였다.

3단계에서는 기존의 이론에 근거하여 가설을 설정하고 검증하였
는데, Kahn 외(1964)는 역할이론에 근거해 조직과 집단의 환경으
로부터 생기는 역할 스트레스가 개인의 정서적 안정, 행동에 미치
는 영향을 규명하였다(장윤정, 2011에서 재인용).

　국내 연구들을 구체적으로 살펴보자면, 사회복지사의 이직 실
태를 파악한 연구들로는 김성한(1997), 강현아 외(2008), 문영주
(2010), 장윤정(2011), 한국사회복지사협회(2011) 등이 있다. 연구
대상에 따라 차이는 있지만 이 연구들의 결과를 종합해 보면, 대체
로 연구 대상자인 사회복지사들의 절반 정도가 이미 이직 경험을
가지고 있고 30% 이상이 앞으로 이직할 의도를 가진 것으로 나타
났다.

　사회복지사의 이직을 주제로 한 나머지 다수의 국내 연구들은
사회복지사의 이직의도를 종속변수로 설정하고 그에 영향을 미
치는 요인들을 규명하고자 하였다. 김성한(1997)의 연구를 출발점
으로 하여 인구사회학적 요인(공계순, 2005; 장윤정, 2011; 양점도 ·
정영주, 2012), 개인적 특성(김정헌 외, 2002; 공계순, 2005; 박연희 외,
2009; 문영주, 2010; 강현아, 2011; 장윤정, 2011; 양점도 · 정영주, 2012),
직무 특성(김정헌 외, 2002; 김교정, 2003; 이인재 · 최은미, 2003; 공계
순, 2005; 권용수, 2006; 엄기욱 · 박인아, 2007; 강현아 외, 2008; 박연희
외, 2009; 문영주, 2010; 강제상 외, 2011; 장윤정, 2011; 양점도 · 정영주,
2012), 조직환경 특성(이인재 · 최은미, 2003; 엄기욱 · 박인아, 2007; 문
영주, 2010; 이혁준 외, 2010; 장윤정, 2011; 양점도 · 정영주, 2012), 외
부 환경 요인(이인재 · 최은미, 2003; 양점도 · 정영주, 2012) 등이 다양
한 모형으로 조합되어 이직의도와 관계를 파악하는 데 활용되었

다. 이러한 선행연구들의 결과를 종합해 보면, 사회복지사의 이직 의도에는 다양한 요인과 특성들이 영향을 미치거나 관계를 가진 것으로 나타났지만 일관된 결과를 보인 요인은 많지 않았다.

　이처럼 양적 연구접근을 활용한 연구들은 변수 간 관계를 예측할 수는 있지만 실제로 이들 변수나 요인들이 가지고 있는 복잡한 관계 구조를 파악하기는 어려우며, 이직 과정에서 사회복지사들이 실제로 무엇을 경험하는지는 알 수가 없다. 예를 들어, 직무 만족도나 동료나 상사 등 직장 내 인간관계 등이 이직(의도)에 영향을 미친다는 것은 알 수 있겠지만, 어떠한 직무 요소나 직무 환경, 인간관계가 어떠한 방식으로 이직에 영향을 미치는지는 알기가 어렵다. 그리고 이러한 요인들이 서로 어떤 관계를 갖고 있는지도 파악하기 어려우며, 그러한 요인들을 사회복지사가 주관적으로 어떻게 경험하는지도 이해하기 어렵다. 또한 대부분의 선행연구들은 이직이 사회복지사와 관련 당사자들에게 부정적인 영향을 미치는 것으로 가정하고 논지를 전개하면서 이러한 이직을 막기 위해 어떤 변수들을 통제해야 할지 논의하고 있지만, 실제로 이직이 이들에게 어떤 영향을 미치는지에 대해서는 구체적으로 탐구하거나 논의한 바가 없다. 다른 한편으로 후자처럼 이직 자체보다 이직의도를 파악한 연구들도 한계를 가지고 있다. 의도는 의도일 뿐 실제로 의도가 이직이라는 행동으로 옮겨질지는 알 수 없기 때문이다. 그리고 이직을 실현하려고 하게 되면 의도만 가지고 있을 때와는 다른 복잡한 절차들을 거쳐야 하기 때문에 그 경험도 상당히 달라질 수밖에 없을 것이다. 이러한 면에서 선행연구들은 각각 일정한 한계를 가지고 있다.

이러한 상황에서 이 연구는 질적 연구접근을 활용하여 사회복지사들이 경험한 이직의 맥락과 패턴을 파악하고자 하였다. 즉, 이미 이직한 경험을 가진 사회복지사들을 대상으로 그들이 이직 과정에서 그리고 전후 과정에서 어떠한 경험을 하였는지 파악하고자 하는 것이다. 또한 이러한 시간 차원에서뿐만 아니라 개별 기관과 직업 환경, 사적 관계망, 지역사회라는 공간 차원의 맥락 구조를 분석하려 한다. 이러한 맥락과 패턴의 탐구를 위해서는 양적 연구접근보다는 질적 연구접근이 더 적절할 것이다. 따라서 이 연구에서는 질적 연구접근을 통해 사회복지사가 경험한 이직의 맥락과 패턴을 파악하고자 하였다. 연구 목적을 달성하기 위해 설정한 연구 문제는 다음과 같다.

"사회복지사들이 경험한 이직의 맥락과 패턴은 어떠한가?"


## 2. 연구 방법

### 1) 질적 연구접근: 맥락-패턴 분석

이 연구의 목적은 사회복지사들이 경험한 이직의 맥락과 패턴을 이해하고자 하는 것이다. 더 구체적으로 말하자면 사회복지사들이 이직하게 된 과정과 거기에서 나타나는 패턴, 각 단계들의 맥락, 그리고 그에 대한 경험의 의미를 파악하고자 한다. 이처럼 특정 현상을 경험한 사람들의 주관적 의미를 파악하고 맥락을 고려하여 분석하기 위해서는 질적 연구접근이 필요하다. 그런데 앞서 언급한 바와 같이 이 연구는 사회복지사의 이직과 관련된 구체적이고 다양한 요인들과 그 요인들 간의 복잡한 관계로 구성된 맥락을 파악하는 데 관심을 가지고 있고, 그에 대한 사회복지사의 주관적 의미, 그리고 여기에 더하여 시간 변화에 따른 패턴과 의미의 변화를 포착하는 데 초점을 두고 있는데, 기존의 질적 연구접근들로는 이러한 목적을 달성하기가 어려운 것으로 보인다.

즉, 주관적 경험의 본질 구조를 파악하려는 현상학적 연구는 의미 구조에만 초점을 두고 있고, 실체 수준의 이론 개발을 목적으로 경험 과정에 초점을 두는 근거이론은 개별 사례의 맥락과 패턴보다는 전체 사례의 맥락과 패턴만을 제시하는 경향이 있어 적절하지 않으며, 개인(들)의 인생에 초점을 두는 생애사 접근은 비교적 짧은 기간에 반복적으로 일어나는 이직 현상을 탐구하는 데는 적합하지 않은 것으로 보인다. 또한 문화 공유 집단의 문화적 패턴을 파악하려는 문화기술지를 적용하는 것이 불가능한 것은 아니지만, 이 연구에서는 이직 문화를 탐구하려는 것이 아니라 이직 현상의 구조와 패턴을 발견하려는 것이기 때문에 적절하지 않다는 것이다. 따라서 이 연구에서는 특정 현상의 맥락과 패턴을 분석하는 데 목적을 둔 질적 연구접근을 찾게 되었고, 그중에서 권지성(2012)이 제안한 맥락-패턴 분석 방법을 활용하게 되었다.

권지성(2012)은 인식 수준(현상-경험-맥락-본질)과 인식 차원(시간과 공간)을 교차하여 14가지 질적 분석 전략을 구분하고 제안하였는데, 그중에서 맥락-패턴 분석 전략은 맥락과 시간을 결합한 것이다. 여기에서 맥락[4]이란 특정 현상과 관련하여 연구참여자들이 경험한 현상의 다양한 측면들과 경험의 주관적 의미들이 일정한 관계를 맺고 서로 이어져 있는 것을 말하며, 패턴[5]이란 시간의 흐름에 따라 연구참여자들이 경험하는 현상과 의미에서 일정하게 나타나는 특정한 양상을 말한다. 따라서 맥락-패턴 분석이란 특정 현상에 대해 연구참여자들이 경험하는 맥락이 시간의 흐름에 따라 어떻게 달라지는지 또는 시간의 변화와 상관없이 일정하게 유지되는 맥락이 무엇인지 밝혀내고자 하는 질적 분석 전략이다. 이러한 의미에서 이 연구에는 맥락-패턴 분석이 적절할 것이라 판단하였다. 이 연구에서 맥락-패턴 분석 전략을 어떻게 활용하였는지에 대해서는 자료 분석 방법 부분에서 기술할 것이다.

## 2) 연구참여자

이 연구의 참여자들은 사회복지 현장 내에서 이직 경험을 가진 사회복지사들이다. 이 연구의 참여자를 선정하기 위해 설정한 기준은 다음과 같다. 첫째, 자료 수집 시점을 기준으로 이전 직장에서 현재 직장으로 이직한 지 6개월에서 1년 정도가 지난 사회복지사다. 기간을 이렇게 설정한 것은 일반적으로 신입 직원의 수습 기간을 3개월 정도로 설정하고 있지만(정선욱 외, 2006) 새로운 직장에 적응하고 자신의 업무를 파악하기까지 6개월 정도의 시간이 필

---

4) 맥락의 사전 정의는 '사물 따위가 서로 이어져 있는 관계나 연관'이다(국립국어원, 2013).

5) 패턴(Pattern)의 사전 정의는 '일정한 형태나 양식 또는 유형'이다(국립국어원, 2013).

요하고, 이와는 다른 측면에서 이직한 지 1년이 지나면 이전의 과
정과 경험들을 제대로 기억하지 못할 가능성이 높아질 것으로 가
정하였기 때문이다. 둘째, 사회복지사 1급 자격증을 가지고 있으
며 계약직이 아닌 정규직에서 정규직으로 이직한 경우들이다. 셋
째, 이직의 유형은 사회복지 현장 내에서 다른 유형의 조직으로 이
직한 사례들(생활시설에서 이용시설로, 2차 세팅에서 1차 세팅으로 등)
을 찾아 진행하였다. 이러한 기준들을 가지고 사회복지사들을 접
촉하여 9명의 연구참여자들을 차례로 선정하였고, 이들을 대상으
로 자료를 수집하고 분석하였다. 그런데 자료 수집과 분석은 이들
9명을 대상으로 진행하였으나 지속적 비교 방식으로 사례 간 분석
을 진행하는 과정에서 두 사례는 앞선 사례들에서 제시된 것 외에
다른 이슈들이 나타나지 않아 분석과 글쓰기에서 제외하였다. 결
국 이 연구의 최종 참여자는 7명이 되었다. 연구참여자들의 개별
적 특성들은 다음과 같다.

〈표 5-1〉 연구참여자 특성

| 구분 | 성별 | 연령 | 종교 | 사회복지 경력 | 이직 횟수 | 가족 구조 | 비고 |
|---|---|---|---|---|---|---|---|
| 사례 1 | 남 | 30대 초반 | 기독교 | 5년 | 1회 | 배우자, 자녀 2 | |
| 사례 2 | 여 | 40대 초반 | 원불교 | 11년 | 2회 | 배우자, 자녀 2 | |
| 사례 3 | 남 | 40대 초반 | 기독교 | 16년 | 4회 | 배우자, 자녀 2 | |
| 사례 4 | 여 | 40대 중반 | 기독교 | 11년 3개월 | 3회 | 배우자, 자녀 2 | |
| 사례 5 | 여 | 20대 후반 | 불교 | 3년 10개월 | 2회 | 부, 모, 동생 | |
| 사례 6 | 여 | 30대 초반 | 불교 | 4년 10개월 | 1회 | 모, 오빠 | 혼자 자취 |
| 사례 7 | 남 | 50대 초반 | 가톨릭 | 15년 | 6회 | 배우자, 자녀 2 | |

### 3) 자료 수집 방법

이 연구에서 활용한 자료 수집 방법은 심층 면접이다. 연구자들은 7명의 연구참여자들을 직접 만나서 일대일로, 1명당 1~2회(3명은 1회, 4명은 2회), 각 회기당 2시간 안팎의 면접을 진행하였다. 모든 면접은 연구참여자들의 동의를 얻어 녹음하였으며, 가능한 한 녹음 직후 녹취록으로 작성하였다.

면접에서 가장 먼저 연구참여자들에게 제시한 질문은 '이전 직장에서 현재 직장으로 옮기면서 어떠한 경험들을 하셨습니까?'였다. 이 질문에 대한 답변을 충분히 듣고 나서 내용을 보완하거나 더 깊은 탐색을 위한 부수 질문들을 던졌다. 결과적으로 연구참여자들에게 제기한 부수 질문들로는 '이전 직장에서 이직을 생각하게 된 요인이나 과정은 어떠합니까?' '이전 직장에서 이직을 결정하고 실제로 떠나기까지 과정은 어떠했습니까?' '현재 직장으로는 어떻게 들어오게 되었습니까?' '현재 직장으로 옮긴 후 적응 과정은 어떠했습니까?' 등이었다.

### 4) 자료 분석 방법

앞서 제시한 바와 같이 이 연구에서는 맥락-패턴 분석 전략을 활용하였다. 그런데 이 연구에서는 권지성(2012)의 분석 전략을 다소 변형하였다. 즉, 권지성(2012)이 인식 수준을 현상-경험-맥락-본질로 구분한 것과 달리 연구자들은 현상의 '본질'-경험된 '현상'-경험의 '의미'로 인식 수준을 구분하고 각 수준과 수준들을 연결하는 '맥락'이 있다고 가정하였다. 그리고 이 연구에서는 경험된 '현상'과 경험의 '의미'들이 연결된 '맥락'을 파악하기로 하였다.

　구체적인 분석 과정과 방법을 제시하면 다음과 같다. 먼저 녹음한 면접 파일을 여러 차례 반복하여 들으면서 전체적인 맥락을 파악하였다. 그리고 1~2쪽 분량의 사례별 요약 기술을 하였다. 이후 녹취록을 작성하면서 다시 여러 차례 듣고, 녹취록이 작성된 이후 인쇄된 자료를 다시 반복하여 읽으면서 범주화 분석을 실시하였다. 범주화 분석은 다른 질적 연구접근들에서 일반적으로 사용하는 것처럼 의미단위들을 파악하고 비슷한 의미를 가진 단위들을 묶어 개념화하는 과정이었다. 다만 이 연구의 맥락-패턴 분석이 다른 연구접근들과 다른 점은 이직 전후에 연구참여자들이 경험한 객관적 사실들(현상 수준)과 연구참여자들이 부여한 의미들(의미 수준)을 구분하였다는 점과 각 사례 안에서만 의미단위 분석과 개념 수준의 범주화 작업을 진행하였다는 점이다. 예를 들어, '전임자의 갑작스러운 퇴사'로 인해 '업무 부담이 가중'되고 있음에도 '조직이 후임자를 채용하려 하지 않는' 상황에서 사회복지사는 자신이 '소진되고 있음'을 알아차리고 '조직으로부터 떠밀려 나고' 있다는 의미를 부여할 수 있다. 이때 전자의 상황들은 객관적 사실(현상)에 해당하고 후자의 마음들은 주관적 의미(의미)에 해당되는데, 다른 연구접근들이 현상과 의미 중 어느 한쪽만을 의미단위로 설정하거나 하나로 묶어서 파악하는 반면에, 이 연구에서는 '후임자를 채용하지 않음'이라는 현상과 '조직으로부터 떠밀려 남'이라는 의미를 구분하고 나서 다시 짝을 지어 연결하였다는 것이다. 그리고 이어서 벌어지는 현상과 그에 대한 의미들을 연쇄적으로 파악하여 연결하고자 하였다.

　이렇게 각 사례의 경험된 '현상'과 '의미'들을 구분한 뒤 그것들 간의 관계를 도식화하는 작업을 진행하였다. 그리고 이러한 과정에서 시간의 흐름에 따라 현상과 의미들이 달라지는 양상을 포착하여 그림에 반영하였다. 또한 각 사례에서 이전 조직에서 다음 조직으로 이직하는 과정의 패턴을 개념화하고 명명하였다. 앞서 현상과 의미들이 연구참여자의 진술을 요약하거나 개념으로 전환한 것과는 달리 패턴의 개념화는 연구자의 언어로 명명한 것이다. 이러한 과정을 통해 사례별로 '맥락-패턴'의 구조를 확인하였다.

　사례별 맥락-패턴 분석이 끝난 뒤에 다시 사회복지사의 이직 맥락과 패턴을 설명할 수 있는 구조 모형을 구성하기 위해 사례 간 분석을 실시하였다. 연구자들은 이를 위해 다시 처음부터 사례들을 비교하면서 사례들 간의 공통점과 차이점들을 발견하고자 하였다. 그리고 유사한 '현상'과 '의미'들을 묶어서 하위 맥락들을 구성하였으며, 다시 사회복지사 이직의 전체적인 맥락-패턴 구조를 파악하였고, 이를 통합하여 하나의 맥락-패턴 구조를 만들고 그림으로 시각화하였다.

## 5) 연구의 질 검증과 윤리적 이슈

　연구의 질을 검증하기 위해 이 연구에서 사용한 방법은 연구참여자 검토였다. 연구자들은 자료 수집과 분석이 끝난 뒤 분석 결과를 연구참여자들에게 보내어 그것이 진실을 보여 주고 있는지 확인해 줄 것을 요청하였다. 연구참여자들의 답변을 모아 정리하고,

그것을 연구 결과에 반영하였다.

　이 연구에서 고려한 윤리적 이슈들은 다음과 같다. 연구자들은 개별 사회복지 조직이나 이직한 사회복지사들을 접촉하여 연구에 대해 소개하고 자발적으로 참여를 원하는 경우에만 동의를 얻고 자료 수집을 포함한 연구 과정을 진행하였다. 사회복지사의 이직은 관련 당사자들에 대해 긍정적 경험과 부정적 경험 모두를 내포하고 있다고 할 수 있다. 이 때문에 심층 면접과 같은 자료 수집 과정에서 부정적 경험이 드러나고, 이것이 연구참여자의 정서적 반응을 이끌어 낼 수도 있을 것이다. 그러나 이 연구의 진행 과정에서는 이러한 부정적 정서 반응이 나타나지 않은 것으로 판단되었다. 연구에 참여하는 사회복지사와 관련 당사자들에게는 주어진 예산 안에서 부담되지 않는 수준으로 보상을 제공하였다. 마지막으로, 질적 연구에서 가장 민감한 이슈인 비밀 보장에 대해서는 연구 과정에서 연구참여자와 조직들의 개별 정보가 노출되지 않도록 최대한 주의를 기울였고, 이 논문에서도 익명 처리와 함께 개별 연구참여자들의 정보가 최소한으로 제시되도록 하였다. 또한 질 검증을 위한 연구참여자 검토 과정에서 이러한 정보 공개의 수준을 조정하였다.

## 3. 연구 결과

　연구 결과는 개별 사례의 맥락-패턴에 대한 분석과 전체 사례에서 발견한 맥락-패턴 구조에 대한 분석으로 구성하였다. 먼저 개별 사례들의 맥락과 패턴을 순서대로 제시한 뒤에, 이어서 통합된 이직의 맥락-패턴 구조를 설명할 것이다. 또한 개별 사례 분석은 이직 전과 이직 과정, 이직 후의 3단계로 구분하여 경험된 현상과 경험의 의미, 그리고 그것들의 맥락들을 연속적으로 기술하였다.

## 1) 개별 사례의 맥락-패턴 분석

### ① 사례 1

사례 1은 한 번의 이직 경험을 가지고 있다. 사례 1의 경우, 첫 직장 경험이 긍정적이지 않았다. 원하는 일이 제한되어 있고 비전 문적이며 직접 서비스의 기회가 없었기 때문에 자신의 이상과 다르다고 느꼈으며, 고유의 사회복지 실천을 원하는 마음을 갖게 되었다. 그러나 조직은 자신의 비전을 알아주지 않았다. 이런 상황에서 남자 사회복지사에게 업무가 과다하게 맡겨지고 직원 간에 소통이 잘 되지 않아 스트레스 해소가 되지 않고 소통이 부재하다는 의미를 갖게 되었다. 이러한 현상과 의미들은 소진된 상태가 지속되도록 하였으며, 상사에게 의견을 제시하였으나 오히려 낙인과 오해, 부담감만 가중되는 악순환이 이루어졌다. 게다가 직원들이 법인이 소속된 교회에 다녀야 하고, 그 때문에 일주일 내내 직원들을 보게 되면서 스트레스를 받기도 하였다. 한마디로 모든 상황들이 '첩첩산중'처럼 느껴진 것이다.

조직에 남아 있을 만한 이유를 한 가지도 찾지 못한 사례 1은 결국 퇴사를 결정하게 된다. 그러나 어디로 옮겨 가야 할지는 생각하지 못했다. 이직을 준비하면서 사례 1이 고려한 요인은 개인 요인

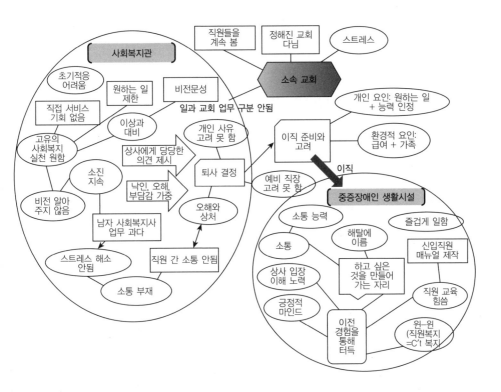

[그림 5-1] 사례 1의 이직 맥락과 패턴[6]

들과 환경 요인들이었다. 개인적으로는 원하는 일이고 능력을 인정받을 수 있는 일이었으면 하는 것이었고, 환경적으로는 급여 수준과 함께 가족의 복지 수준을 높일 수 있는 곳이기를 바랐다. 마침 부친이 새로 설립한 중증장애인 생활시설이 완공되어 자연스럽게 창립 멤버로 들어갈 수 있었다.

---

6) 각 사례의 맥락-패턴 그림에서 네모는 경험된 현상을, 동그라미는 경험의 의미를 뜻한다. 각 현상과 의미들은 선으로 연결되어 있는데, 전후 관계나 영향 관계가 명확하게 제시된 경우에만 화살표로 표시하였다.

이직 후 직장 경험을 살펴보면 이전 직장의 경험들이 부정적인 측면들만 있었던 건 아니었다는 사실을 발견하게 된다. 이전 경험을 통해 터득했던 것들이 새 직장에서 일하면서 속속 드러나게 되었다. 특히 신입직원 매뉴얼을 제작하고 직원 교육에 힘쓰면서 그러한 사실을 발견하게 되기도 하고, 긍정적 마인드와 상사의 입장을 이해하려고 노력하며 소통을 위해 애쓰고 있는 자신의 모습을 보면서 알게 되기도 한다. 사례 1에게 현재 직장은 '하고 싶은 것을 만들어 가는 자리'로 경험되고 있다.

이러한 맥락과 과정을 고려할 때 사례 1의 패턴을 '고진감래' 또는 '새옹지마'로 부를 수 있을 것이다. 고생 끝에 낙이 왔다고 할 수도 있고, 나쁜 일이라고 여겼던 일이 지금에 와서 좋은 일로 탈바꿈한 것이라고 볼 수도 있는 것이다.

② 사례 2

사례 2는 두 번 이직한 경험을 가지고 있다. 첫 번째는 노인생활시설에서 자원봉사센터로, 두 번째는 자원봉사센터에서 다시 노인생활시설로 자리를 옮겼다. 각 이직의 과정과 그 안에서 경험된 현상과 의미들을 차례로 살펴보면 다음과 같다.

처음 일했던 노인생활시설에서는 안정된 급여와 모든 자원을 가졌다는 장점이 있었지만, 고정된 일이 반복되고 끝내 소진을 극복하지 못한 단점이 더 큰 의미로 다가왔다. 새로운 도전이 두려웠지만 사회복지 분야의 다양한 공부를 하고 싶다는 열망 때문에 결국 이직을 하게 되었다. 옮긴 직장에서 중요한 현상은 많은 역할과 많은 사람들을 만났다는 것이었다. 이러한 현상들은 창의적 활동이 가능하다는 것과 즐거움을 주면서 매력적인 자리로 느껴졌지만, 운영위원회의 압력으로 활동에 부담을 갖게 되고 안정적이지 않은 자리라는 의미를 느끼게 되면서 다시 이직을 고민하게 된다. 그러한 상황에서 가고 싶었던 노인이용시설에 자리가 났지만 급여 수준이 낮아 포기하게 되었고, 얼마 후 계약기간 종료로 퇴사하게 되었다.

　두 번째 이직은 자녀가 다른 지역으로 고교 진학을 하게 되면서 이루어졌다. 그리고 특별히 대안이 없는 상태에서 이미 경험했던

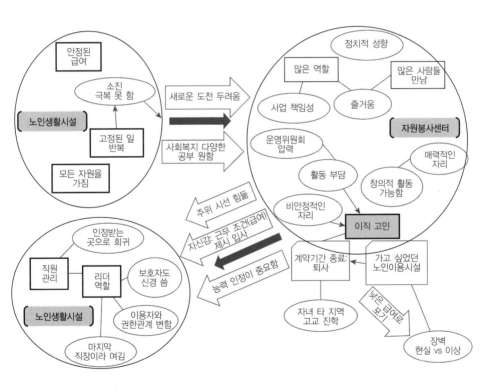

[그림 5-2] 사례 2의 이직 맥락과 패턴

노인생활시설에 자리를 구하게 되었다. 이 과정에서 경험한 현상과 의미로는 주위 시선으로 힘듦, 자신감, 능력 인정이 중요함 등이 있었다. 즉, 자신의 처신을 바라보는 사람들 때문에 힘들게 느껴지기는 했지만 능력을 인정받고 싶었고, 어느 정도는 자신감이 있었기 때문에 근무 조건을 직접 제시하기도 한 것이다.

이렇게 옮기게 된 세 번째 직장에서 사례 2는 직접적으로는 직원 관리를 맡게 되었고 리더 역할을 수행하게 되었다. 이러한 역할들을 수행하다 보니 인정을 받게 되었고, 보호자에게도 신경을 쓰고 이용자와 권한 관계도 변하는 경험을 하였다. 이러한 변화들에 의미를 부여하게 되면서, 사례 2는 현재 직장을 마지막 직장으로 생각하게 되었다.

사례 2의 이직 패턴은 결과적으로 '자기로의 회귀'라고 할 수 있겠다. 이러저러한 사정들이 있고 상황들이 있기는 하였으나, 결국 자신이 잘할 수 있고 인정받을 수 있는 곳으로 돌아간 것이기 때문이다.

③ 사례 3

사례 3은 현재 네 번째 직장에서 일하고 있다. 첫 직장과 두 번째 직장은 종합사회복지관이었고, 세 번째 직장은 자원봉사센터, 네 번째 직장은 '재단'이다. 각 이직 과정을 살펴보면 다음과 같다.

첫 직장인 사회복지관에서 사례 3은 사회복지에 매력을 느꼈고, 소중하게 여겼으며, 자부심을 가지고 있었다. 그래서 헌신할 수 있었다. 한편으로는 사회 구조를 만들어 가고 싶다는 생각도 했다. 그런데 존경했던 상사가 퇴사하고 수준 낮은 기관장이 부임하면서 더 이상 조직에서 비전을 찾지 못하게 되었고, 사회 구조를 만들고 싶다는 생각도 수그러들었다. 거기에다가 몸은 지치고 가정에 소홀해진다고 느끼던 터에 유산을 하게 되면서 휴직을 하게 되었다. 즉, 한꺼번에 엎친 데 덮친 격으로 좋지 못한 일들이 쏟아지면서 견뎌 낼 수 없었고 일을 멈추게 된 것이다.

그러고 나서 4년 동안 휴직하고 있었는데 연락이 와서 다시 종합사회복지관에서 일하게 되었다. 고마운 마음에 초심으로 돌아가려 했고 성심을 다해 일했다. 그러나 업무는 너무 많고 클라이언

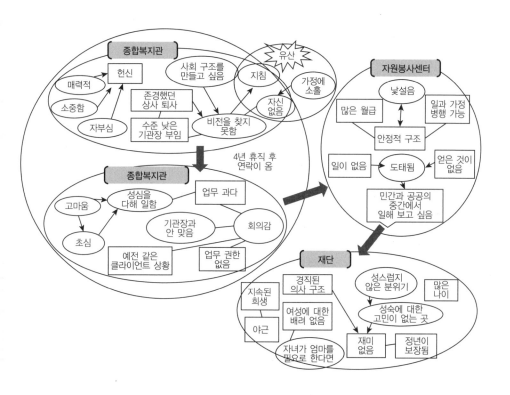

[그림 5-3] 사례 3의 이직 맥락과 패턴

트는 변하지 않은 채로 머물러 있으며, 자신에게 업무 권한이 없음을 알게 되었고 기관장과 맞지 않는다는 생각이 들었다. 이러한 상황은 사례 3으로 하여금 사회복지 일에 대한 회의감을 갖게 만들었다.

그러던 중에 집에서 가까운 자원봉사센터를 알게 되어 사표를 내고 이직을 하게 되었다. 이 자원봉사센터에서 경험한 현상들은 다음과 같다. 안정적인 구조에 월급도 많고, 일과 가정을 병행하는 것이 가능하고 일도 많지 않았다. 이전에 일했던 종합사회복지관에 비하면 매우 편한 직장이지만 그 모든 것이 사례 3에게는 낯설게 느껴졌고, 일이 없는 상태는 반대로 얻는 것이 없다고 느껴지게 했으며 도태되고 있다는 의미를 갖게 하였다.

사례 3은 다시 재단으로 자리를 옮기게 된다. '재단'은 경직된 의사 구조, 지속된 희생, 야근, 여성에 대한 배려 없음, 재미없음, 정년이 보장됨 등의 현상으로 정리된다. 정년이 보장된다는 장점이 있지만 자신의 가치를 지킬 수 없는 많은 단점들도 있다. 이곳은 사회복지 현장이 아니라 그냥 직장이다. 그래서 사례 3은 자녀들이 엄마를 필요로 한다면 언제든 직장을 그만둘 작정이다.

사례 3의 패턴은 '가치 지향'이라고 정의할 수 있을 것이다. 당시의 직장들이 가지고 있는 조건들과 자신의 형편들보다는 자신이 중요하다고 믿는 가치에 의해서 그곳이 계속 일을 할 만한 곳인지를 판단하고 이직을 결정해 온 것이다. 사례 3의 가치는 처음에는 클라이언트의 변화와 사회 구조의 변화였지만 점차 '가족'으로 옮겨 가고 있는 양상을 발견하게 된다.

④ 사례 4

사례 4는 네 번의 이직 경험을 가지고 있다. 노숙인센터에서 알코올상담센터로, 알코올전문병원으로, 생활시설로 차례로 옮겨 다녔고, 종합사회복지관으로 이직한 후 지금까지 일하고 있다.

첫 번째 직장인 노숙인센터는 개신교 목회자의 권고로 노숙인사업을 시작하게 되면서 설립한 곳이었다. 이 사업에서 사례 4는 사명감과 보람을 느끼며 일했으나 나중에 이 센터로 오게 된 새 기관장과 갈등을 빚게 되었고, 낮은 보수 수준이 유지되면서 계속 일하고자 하는 의지를 넘어서게 되었다고 한다.

이런 상황에서 사례 4는 지인의 소개를 받아 알코올상담센터에 들어가게 되었다. 프로그램 담당자가 되었고, 처음엔 계약직이었으나 4개월 만에 정직원이 되었다. 알코올을 포함한 정신보건 분야에서 경력을 쌓아야겠다는 생각을 하면서 정신보건 수련도 시작하였다. 이때 사례 4가 살던 지역에서는 수련을 받기가 힘들어서 서울로 오가며 수련을 받았고, 이 때문에 주말부부가 되었다. 그런데 막상 정신보건 수련을 받아 보니 별것 없다는 느낌을 갖게 되었고 실망하게 되었다. 이 기관에서 더 이상 비전을 찾을 수 없겠다는 생각과 병원에서 일하고 싶다는 생각에 친분 관계를 형성한 센터장에게 부탁하였는데, 그 센터장이 새로운 시설을 만들어 주었고 그곳으로 이직하게 되었다.

옮긴 곳은 알코올전문병원이었는데 의욕적으로 일을 할 수 있었다. 그리고 더 많은 일을 하고 싶었다. 그래서 자신의 급여가 인상되는 것보다 추가로 직원을 고용하기를 바랐다. 이러한 현상과 의미를 경험하게 된 것은 가치에 관심이 많았기 때문이었다. 그렇게 열심히 일하던 중에 러브콜을 받고 이번에는 생활시설로 자리를 옮기게 되었다. 서울에 가서 배우고 오자는 마음이었다.

　그러나 계속 일을 하다 보니 생각하지 못했던 일들이 일어났다. 1년 만에 사무국장으로 파격 승진을 했지만 재단과 불화도 있었고, 막힌 의사소통 구조에 답답함도 느꼈다. 자신의 비전을 이루기에는 한계가 있는 것으로 보였다. 그렇게 답답하게 여기던 중에 이전 직장의 상사가 내려와서 같이 일하자는 제안을 하였다. 두 번 정도 거절하다가 옮기게 되었다. 그곳이 현재 직장이다.

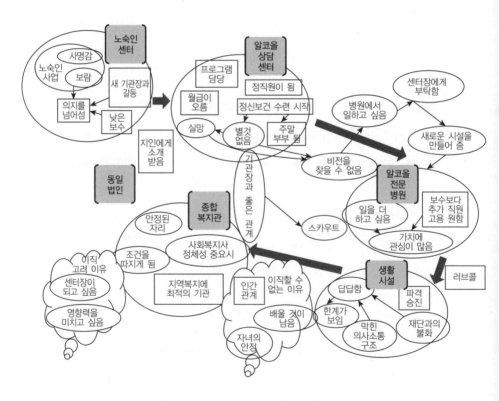

[그림 5-4] 사례 4의 이직 맥락과 패턴

현재 직장인 종합사회복지관은 지역 복지에 최적의 기관으로 경험되고 있다. 자신에게도 안정된 자리라고 느껴지며 사회복지사의 정체성을 중요하게 고려하고 있다. 그러나 사례 4는 다시 이직을 생각하고 있다. 무엇보다도 원래 자신이 갖고 있던 비전을 이루고 싶기 때문이다. 정신보건 영역에서 센터장이 되고 싶고 영향력을 미치고 싶다는 생각이 든다. 그러나 아직은 이곳에서 배울 것도 남아 있고, 인간관계도 쉽게 저버릴 수 없으며, 자녀의 안정을 위해서라도 남아 있을 필요가 있다고 느낀다.

사례 4의 이직 과정에서 두드러지게 나타나는 패턴은 조직 외부의 누군가로부터 제안을 받는 데서부터(스카우트, 러브콜로 표현된) 이직 과정이 시작되었고, 자신의 비전을 형성해 가면서 경력을 만들어 가고, 더 큰 영향력을 미칠 수 있는 자리로 옮겨 가고 있다는 것이다. 이러한 점을 고려할 때 사례 4의 패턴을 '비전 추구-도전' 형이라고 부를 수 있을 것이다. 그런데 사례 4는 자신이 자주 이직을 했음에도 불구하고 후배 사회복지사들을 향해서는 자주 이직하기보다 한 직장에 오래 머물러 있을 것을 권하고 있다.

### ⑤ 사례 5

사례 5는 두 번의 이직 경험을 가지고 있다. 첫 직장은 종합사회복지관이었으며, 두 번째 직장은 사회복지협의회, 세 번째 직장은 지역자활센터다. 각 이직 과정을 살펴보면 다음과 같다.

첫 직장이었던 종합사회복지관에서 사례 5는 대체로 긍정적인 현상들을 경험했다. 첫 직장이라 의욕이 넘쳤고 적극적으로 활동을 했다. 정규직이었고 부모님과 같이 살면서 심리적으로나 경제적으로 안정되어 최상의 조건이라고 여겨졌다. 비슷한 또래의 동료들이 있어서 직원 간 교류도 활발했으며, 원만한 인간관계들을 경험했다. 그러나 기관에 일이 많고 주말에도 자주 출근하면서 스트레스를 많이 받았다. 그럼에도 자신이 처한 조건들과 관계들 때문에 스트레스는 어느 정도 해소할 수 있었다. 따라서 적극적으로 이직을 고려할 만한 상황은 아니었다. 그러다가 개인적인 사정으로 다른 지역으로 이사하게 되면서 자연스럽게 이직을 하게 되었다.

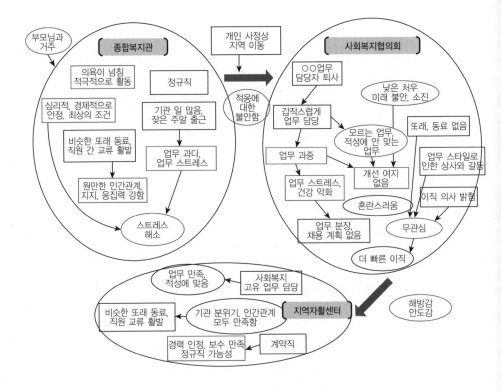

[그림 5-5] 사례 5의 이직 맥락과 패턴

 사례 5에서 주로 탐색된 것은 두 번째 직장에서 이직하게 된 과
정이다. 사례 5는 원래 총무팀 소속이었지만 총무 업무보다는 다
른 사업들을 맡고 있었다. 그런데 회계 업무를 담당하던 직원이 퇴
사하면서 파문이 일기 시작했다. 그 직원이 하던 일을 갑작스럽게
맡게 되면서 자신이 하던 일을 포함하여 업무가 과중되었고 스트
레스가 심해졌다. 그러면서 신체 건강도 나빠졌다. 그냥 일만 많아
진 것이 아니라, 자신이 한 번도 해 본 적이 없고 적성에도 맞지 않
는 업무였던 것이 문제였다. 게다가 전임자와 업무 스타일이 달라
서 상사나 다른 직원들과 갈등이 빚어지기도 했다. 아직은 의지할
만한 또래와 동료도 없었다. 그럼에도 조직은 업무를 분장하거나
신규 직원을 채용할 계획조차 세우지 않았고, 따라서 개선의 여지
가 없어 보였다. 이런 상황에서 사례 5는 혼란스러움을 느끼게 된
다. 결국 사례 5는 이직을 결심하고 준비하게 되는데, 그 과정에서
상사가 이직 의사를 물어보았고 어쩔 수 없이 그렇다고 대답했다.
그런데 그 상사는 무관심하게 결정되면 알려 달라는 식의 반응을
보였다. 그래서 사례 5는 더 빠른 이직을 준비하게 된다.

 마침 지역자활센터에 자리가 나서 지원을 했는데 바로 합격되
어 이직 준비를 하게 되었다. 그런데 조직에서는 여전히 신규 직원
을 채용할 움직임을 보이지 않았고, 어쩔 수 없이 새 직장에도 한
달 정도 늦게 갈 수밖에 없었다. 옮겨 간 지역자활센터에서 사례 5
는 만족하며 일하고 있다. 사회복지 고유 업무를 담당하면서 업무
에 만족하게 되었고 적성에도 맞는 것 같다. 비슷한 또래의 동료들
이 있어서 직원 교류도 활발하며 좋은 기관 분위기의 영향도 있다.
계약직이긴 하지만 경력이 인정되며, 보수도 만족스럽고 정규직이

될 가능성도 있다.

사례 5의 이직 과정에서 첫 번째 이직의 원인은 '개인 사정'으로 규정되고, 두 번째 이직은 '사면초가에서 벗어남'으로 볼 수 있을 것이다. 즉, 첫 번째 직장은 대체로 만족스러워서 그만둘 생각이 없었지만 개인 사정으로 옮길 수밖에 없었는데, 두 번째 직장에서는 빠져나갈 구멍이 없이 자신을 향해 밀려드는 일의 홍수에서 탈출을 시도한 것이다. 그리고 탈출은 성공적이었다.

ⓖ 사례 6

사례 6의 경우 이직 경험이 한 번밖에 없어 단순하지만, 맥락은 조금 더 복잡해 보인다. 사례 6은 장애인복지관에서 일하다가 협의회 조직으로 이직했다.

첫 직장인 장애인복지관에서 경험한 현상들을 살펴보면, 업무 성격상 직원 퇴사 많음, 부서 이동, 업무 스트레스와 잦은 과음, 의견 제시에 버릇없다고 함, 상사와 갈등, 권위적이고 지시하는 업무 스타일 등이 있다. 이러한 현상들은 각각의 의미와 연결되어 있다. 부서 이동이 잦으면서 적성에 맞지 않는 일을 하게 되고 사회복지 정체성에 혼란을 느낀다. 업무 스트레스와 잦은 과음 때문에 행복하지 않았다. 권위적이고 지시하는 상사의 업무 스타일 때문에 성과를 인정받지 못하고 존중받지 못한다고 느껴졌다. 이런 상태가 유지되다 보니 결국 사례 6은 이직을 결심하게 된다. 퇴사 후 이직을 준비하기로 했고, 그래서 마지막 날까지 일을 했다. 이직 후 처음에는 쉼이 주는 편안함이 있었지만 시간이 갈수록 불안하게 느껴졌다.

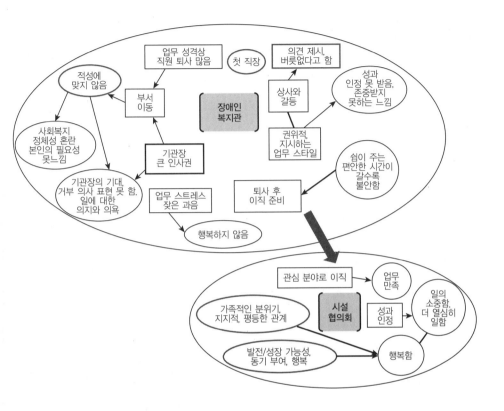

[그림 5-6] 사례 6의 이직 맥락과 패턴

　직장을 그만두고 쉬면서 세 군데 정도 지원을 했고, 합격한 기관으로 들어가게 되었다. 자신이 관심을 갖고 있던 분야로 이직했기 때문에 업무에 만족했고, 성과를 인정받으면서 일의 소중함을 느끼고 더 열심히 일하게 되었다. 직장 분위기도 가족적이고 지지적이며 평등한 관계라고 생각된다. 발전과 성장의 가능성이 엿보이고 동기 부여가 된다. 이 때문에 지금은 행복하다고 느낀다.

　사례 6의 이직 과정은 일단 '탈출-안정'형이라고 볼 수 있을 것이다. 일이나 관계나 어느 것도 만족스럽지 못한 상태에서 이후에야 어찌 되든 이곳을 벗어나야겠다는 생각으로 직장을 그만두었고, 이후에 새로운 직장을 구하게 되었다. 다행히 자신이 원하던 분야의 직장을 얻었고, 더 다행히 적성에 맞는 일을 하며 인정받고 가족적인 분위기에서 지지적인 관계를 형성하며 지내고 있다.

### ⑦ 사례 7

사례 7은 이 연구의 참여자들 중에서 가장 많은 여섯 번의 이직 경험을 가지고 있다. 이직한 조직들도 매우 다양해서 장애인 자조 모임 단체, 사회복지협의회, 종합사회복지관, 청소년센터, 생활시설, 중증장애인생활시설, 재단 등을 망라한다.

첫 번째 일터인 장애인 자조 단체에서 처음 사회복지 관련 일을 맡게 되었고, 개인적인 사정과 사회복지를 정식으로 공부하고자 하는 생각에서 일을 그만두었다. 자조 단체 일을 그만둔 뒤에는 2년 정도의 공백을 두고 시간강의와 사회복지 공부를 시작하였고, 알고 지내던 교수의 제안으로 ○○시 사회복지협의회 설립을 준비하는 과정에 참여하게 되었다. 보수도 없었으며, 운영 방향에 대한 갈등이 있었고, 그에 대해 조정이 가능하다거나 수용되지 않는 경험을 하게 되었다. 그래서 그 교수와 갈등을 빚게 되면서 일을 그만두게 되었다.

마침 종합사회복지관에서 스카우트 제의가 들어와서 바로 들어가게 되었다. 이곳에서 경험한 주요 현상은 정규직 채용으로 안정적 직장을 희망하면서 뼈를 묻을 각오를 함, 법인 중간 관리자의 견제, 직원 평가와 인사 배제, 재정 통제에 대한 의견을 제시하고

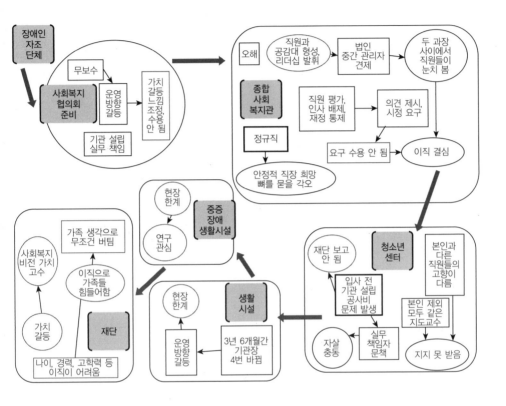

[그림 5-7] 사례 7의 이직 맥락과 패턴

시정을 요구하였으나 수용이 안 됨 등이었다. 안정성과 같은 의미들은 직장에 남아 있도록 하는 요인이라고 할 수 있으나, 다른 현상과 의미들은 이직을 고려하도록 하는 요인일 것이다. 사례 7은 이직을 결심하게 되었다.

별다른 대책 없이 복지관을 그만두고 나와서 이곳저곳 지원하다가 청소년센터에 우여곡절 끝에 들어가게 되었다. 부소장으로 들어가서 의욕적으로 일을 했으나 오래 있지 못했다. 심지어 자살 충동을 느끼기도 했다. 자신과 다른 직원들의 지연과 학연이 달라 지지받지 못한다는 의미가 크게 느껴졌다. 또한 입사 전에 기관을 설립하면서 공사비 문제가 생겼는데, 재단에는 보고가 안 되고 실무 책임자로 문책을 당하면서 강한 심리적 압박을 당한 것이다. 가족을 생각하면서 버텼으나 이대로는 견딜 수 없겠다 싶었다. 그래서 그만두었다.

그런데 이번에도 마침 원래 알고 지내던 시설원장의 제안으로 생활시설에서 일하게 되었다. 처음에는 뜻이 맞았고, 사무국장으로 영향력 있는 자리에 있었으며, 같은 비전을 바라보면서 미래를 꿈꾸었다. 그런데 두 달 만에 법인의 인사 발령으로 원장이 바뀌고, 이후 4년도 안 되는 기간에 시설장이 네 번이나 바뀌면서 운영 방향에 갈등이 빚어졌다. 이곳에서 비전을 이룰 수 없다는 판단과 현장의 한계를 느끼면서 공부에 대한 관심을 갖게 되었고, 사례 7은 다시 직장을 그만두게 된다.

이런 과정 속에서 이미 나이도 많아지고, 다른 한편으로는 박사과정을 마치면서 새로운 직장을 찾던 중 공채로 다시 시설국장으로 가게 되었다. 그러나 시설에 있으면서 현장의 한계를 다시 절감하였고 연구에 관심을 갖게 되는 계기가 되었다. 그러다가 현재 직장인 재단에 자리가 나면서 6개월 만에 다시 이직을 하게 된다.

재단에 들어와 일하면서 여러 가지 의미들을 부여하게 된다. 나이, 경력, 고학력 등으로 더 이상 이직이 어렵고, 이직할 때마다 가족이 힘들어하기 때문에 무조건 버텨야겠다는 생각이 들었다. 그리고 더 이상 시설에서는 자신의 비전을 이루기가 힘들다는 생각이 들었고 사회복지 비전과 가치를 고수하기 위해, 또한 사회복지

사로 행복하게 살면서 성장하기 위해 이곳에서 계속 일해야겠다고
생각한다.

사례 7의 이직 과정은 지인들이 '역마살이 끼였다'고 할 만큼 다
양하고 복잡하다. 또한 일관성을 찾아보기가 어렵고, 대부분의 직
장에서 부정적인 현상들을 경험해 왔다. 유일하게 유지되는 것은
사회복지사로서 자신의 비전과 가치를 잊지 않기 위해 노력했다는
것이다. 이런 면에서 사례 7의 이직 패턴을 '가치 지향'형이라고 할
수 있을 것이다.

## 2) 사회복지사가 경험한 이직의 통합 맥락-패턴

여기에서는 앞에서 살펴본 개별 사회복지사들의 이직 맥락과 패
턴을 토대로 사회복지사 이직의 맥락-패턴 구조를 통합하고자 하
였다. [그림 5-8]은 통합된 사회복지사 이직의 맥락-패턴 구조를
보여 준다. 그림을 중심으로 구체적으로 설명하면 다음과 같다.

사회복지사의 이직과 관련된 맥락은 크게 네 개의 영역으로 나
뉘어 있다. 첫째는 이직 전의 조직, 둘째는 이직 후의 조직, 셋째는
이직 당사자인 사회복지사, 넷째는 사회복지사의 관계망이다. 물
론 이러한 맥락들은 사회복지 현장과 그보다 더 큰 사회 환경의 맥
락 속에 포함되어 있겠지만, 논의를 제한하기 위해 더 넓은 맥락에
대한 기술은 생략한다. 그리고 당사자인 사회복지사는 원래 조직
들과 분리하여 설명할 수도 있지만, 이직 맥락이라는 측면에서 설
명하기 위하여 여기에서는 이직 이전의 조직에 포함된 것으로 볼
것이다.

첫 번째 영역인 이직 이전 조직의 맥락에 대해 살펴보면 다음과 같다. 특정 조직은 업무와 관계, 조직 특성이라는 세 가지 하위 영역들이 서로 영향을 주고받으면서 사회복지사에게 직간접으로 영향을 미친다. 이러한 영역들은 선행연구들을 통해서도 충분히 검토된 것들이다. 다만 우리는 여기서 이러한 영역들이 다시 수많은 하위 요인들로 쪼개질 수 있다는 점과 사회복지사들 간에 다양성이 존재한다는 점을 고려해야 할 것이다. 즉, 업무가 적성에 맞는 이도 있지만 맞지 않는 이도 있으며, 관계가 친밀한 이도 있지만 그렇지 않은 이도 있고, 승진과 보수, 조직 몰입과 조직 혁신 같은 영역을 중요하게 고려하는 이도 있지만 그렇지 않은 사회복지사들도 있다. 그리고 이직을 할 때마다 이러한 특성들이 달라진다는 점을 알 수 있었으며, 중요한 것은 사회복지사들도 이러한 사실을 이미 알고는 있었다는 점도 고려할 필요가 있다. 알고는 있지만 힘들다는 것이다. 그리고 중요한 또 하나의 측면은 이러한 다양한 영역 중에 한두 가지 영역 때문에 이직하는 사람도 있지만, 다수의 사회복지사들은 단 하나의 영역에서도 붙잡을 만한 것이 없을 때 이직을 결심하는 것으로 보인다는 것이다.

이직 이전 조직의 맥락에서 선행연구를 통해 충분히 검토되지 않은 영역들도 있다. 이 연구에서 발견된 가장 중요한 하위 영역은 조직의 상위 조직(대체로 위탁법인)이 가지고 있고 공유하고 있는 '비전과 가치'였다. 일부 사례에서 이러한 비전과 가치의 다른 이름은 '종교적 신념'이었으며, 다른 일부 사례에서는 '발전 가능성'이었다. 또한 법인이 사회복지 조직에 미치는 영향력의 범위와 크기도 중요한 요인 중 하나인 것으로 보인다.

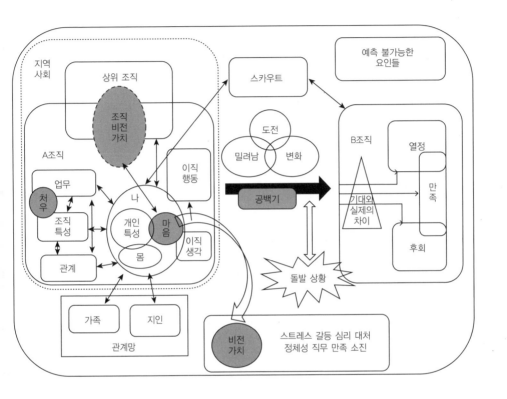

[그림 5-8] 통합된 이직의 맥락-패턴

　　두 번째 영역인 이직 이후 조직의 맥락은 일단 사회복지사가 입
사한 이후에는 이직 이전 조직의 맥락과 유사할 것이므로 동일한
맥락은 생략하고, 이직 이후 적응 과정에서 나타나는 이슈를 설명
하고자 한다. 앞서 살펴본 개별 사회복지사들은 이직 이전에 이직
할 직장에 대한 어떤 기대를 가지고 있었다. 그리고 이직해서 새로
운 조직에 들어온 이후 '실제'를 경험하게 되고 이전의 기대와 그
것을 비교하게 된다. 이러한 기대와 실제의 비교를 통해 사회복지

사들은 서로 다른 경험의 맥락으로 진입하게 된다. 실제가 기대에 못 미치면 후회하게 되고, 실제와 기대가 일치하면 만족하게 되며, 기대했던 것보다 실제가 더 낫다고 생각되면 열정을 불사르게 될 것이다. 그 이후에는 이직 이전 조직의 맥락과 마찬가지로 존재하는 복잡하고 다양한 하위 영역들의 맥락에 의해 영향을 받게 될 것이다.

세 번째 영역인 이직 당사자로서 사회복지사 개인의 하위 영역은 마음과 몸으로 구성하였다. 이 마음은 매우 복잡한 구조를 가지고 있으므로 그림 아래 부분에 조금 더 구체적으로 구분해 놓았다. 스트레스와 갈등, 심리적 대처, 정체성, 직무 만족, 소진 등의 영역은 역시 선행연구들에서 충분히 다루어진 것들이며, 이직 과정에서 매우 중요한 요인들이라는 점을 확인할 수 있었다. 그런데 이 연구에서 드러난 다른 중요한 하위 영역은 개별 사회복지사의 '비전과 가치'였다. 즉, 인생에서 무엇을 중요하게 여기는가와 장기적으로 사회복지사로서 어떠한 길을 걸어가고자 하는가에 의해서 이직과 관련된 결정들이 달라지게 된다. 한 사회복지사는 비교적 높은 급여 수준과 평안한 분위기, 과다하지 않은 업무라는 좋은 조건들을 마다하고 자신의 가치를 좇기 위해 직장을 그만두었다. 어떤 사회복지사는 자신의 비전을 이루기 위해 끊임없이 새로운 일들을 시도하고 있다. 이러한 마음의 구조 안에 '이직 생각'이 자리를 잡게 되는 것으로 보인다. 연구자들이 관심을 기울이게 된 또 다른 하위 영역은 '몸'이다. 신체적, 생물학적 요인을 말하는 것이다. 한 사회복지사는 이중으로 부과된 업무들을 수행하다가 몸이 망가졌다. 몸이 건강하지 않은 상태에서는 마음을 추스르기도 어려우며 일을 하기도 어려울 것이다. 사회복지 행정에서는 이러한 측면들을 고려할 필요가 있을 것이다.

마지막으로, 네 번째 영역인 관계망도 중요한 이직의 맥락 요인이라고 할 수 있다. 이 연구에서 살펴본 다수의 사회복지사들이 '가족' 때문에 이직을 결심하거나 단념했다. 가족은 사회복지사의 개인생애주기나 가족생활주기에 따라 주의 깊게 살펴볼 필요가 있다. 사회복지사 개인의 결혼이나 출산뿐만 아니라 부모와 자녀의 생애주기에 따라서도 이직 맥락이 달라질 수 있다는 것이다.

이 밖에도 이직 과정에서 발생할 수 있는 수많은 돌발 상황들과 예측할 수 없는 많은 요인들이 이직의 맥락과 연결되어 있다. 이 연구에서 다수의 사회복지사들이 '갑자기' 이직해야 하는 상황에 처했음을 상기해 보면 이해할 수 있는 일이다.

이러한 이직의 맥락과 함께 이직의 패턴을 설명할 수 있을 것이다. 크게 네 가지 측면에서 이러한 패턴을 설명할 수 있다.

하나는, '왜 이직을 하는가?'에 대한 것이다. 어떤 사회복지사는 새로운 일에 도전하기 위해 이직을 하고, 어떤 사회복지사는 현재 직장을 견뎌 낼 수가 없어 밀려나게 되었으며, 어떤 사회복지사는 삶의 변화를 위해 또는 특정한 맥락 요인의 변화에 의해 이직을 하게 되었다.

다른 하나는, '어떤 경로로 이직하게 되는가?'에 대한 것이다. 어떤 사회복지사는 직접 채용 정보를 수집하고 여러 기관에 지원한 뒤 새로운 직장에 들어가게 되었지만, 어떤 사회복지사는 옮겨 간 직장의 누군가에 의해 스카우트가 되거나 그와 관련된 조직 외부의 누군가에 의해 소개를 받고 직접 찾아가 바로 이직을 하기도 했다. 이러한 경로는 이직의 전체 맥락에 크든 작든 파문을 일으키게 되므로 중요한 고려 요인이라 할 것이다.

세 번째 패턴은, '이직 시점'에 대한 것이다. 어떤 사회복지사들은 이직을 결심한 뒤 바로 이직 행동을 시작하지만, 어떤 사회복지사들은 일단 이전 조직에서 떠난 뒤 새로운 직장을 알아보기 시작한다. 진입보다는 탈출이 먼저인 것이다. 어떤 사회복지사들은 꽤 긴 공백기를 거친 뒤 다양한 경로로 이직할 곳을 알아본다. 새로운 직장을 알아보기 시작하는 이직 행동의 시점이 언제인가에 따라서 이직의 맥락도 전반적으로 달라진다는 것을 고려해야 할 것이다.

마지막으로 네 번째 패턴은, 앞서 이직 맥락에서 설명하기도 했던 '이직 전 기대와 이직 후 실제의 차이'다. 기대보다 실제가 나은가, 기대와 실제가 일치하여 만족하는가, 실제가 기대에 미치지 못해 후회하는가에 따라 이후 조직에서 적응 과정과 전체적인 맥락 구조가 달라질 수 있을 것이다.

## 4. 결론

이 연구의 목적은 사회복지사들이 경험한 이직의 맥락과 패턴을 파악하고자 하는 것이었다. 이러한 목적을 달성하기 위하여 연구자들은 7명의 사회복지사들을 대상으로 한 면접을 통해 자료를 수집하고, 수집된 자료를 가지고 맥락-패턴 분석을 실시하였다. 분석과 연구 결과는 사례별 맥락-패턴 분석과 전체 사례에 대한 통합 맥락-패턴 분석으로 구성되었다. 개별 사례에 대한 맥락-패턴 분석은 시간(이직 이전/이직 과정/이직 이후) 차원과 수준(경험된 현상/경험의 의미/현상과 의미들이 연결된 맥락) 차원을 교차하여 각 사례의 이직 이전 맥락과 이직 과정의 맥락, 이직 이후의 맥락을 분석하였으며, 전체 과정에서 나타난 패턴을 파악하여 유형화하였다. 또한 각 사례의 맥락과 패턴, 거기에 연결된 현상과 의미들을 통합하여 하나의 맥락-패턴 구조를 구성하였다. 통합된 맥락-패턴 구조는 네 개의 영역들로 구성되었다. 즉, 첫째는 이직 전의 조직 맥락, 둘째는 이직 후의 조직 맥락, 셋째는 이직 당사자인 사회복지사, 넷째는 사회복지사의 관계망이다.

이러한 연구 결과가 사회복지 행정의 이론적 맥락에 던지는 함의는 다음과 같다. 이 연구는 사회복지사의 이직과 관련된 이론적 토대를 더 풍부하고 충실하게 만들어 줄 수 있다. 먼저 이 연구의 결과는 사회복지사의 이직과 관련되어 숨겨져 있던 조건과 요인들의 영향을 보여 주었다. 선행연구들의 이론적 모형에 포함되지 않은 비전과 가치, 가족, 신체 건강 등의 요인들이 그것이다. 또한 이러한 조건과 요인들이 복잡한 관계로 얽혀 있다는 것도 드러내 주었다. 이는 기존 연구들의 비교적 단선적인 모형이 이직 현상을 설명하기에는 부족하다는 점을 반증하는 것이기도 하다. 그리고 사회복지사의 이직과 관련된 여러 가지 패턴들이 존재하며, 현장에서 이러한 패턴들을 고려해야 한다는 점도 알려 주었다. 예를 들어, 자녀의 진학이나 부모 부양이라는 단순한 생애사건만으로 이직하는 패턴도 있지만, 직장 내의 다양한 부정적 요소들이 누적되고 긍정적 요소들이 소멸되는 시점에서 내몰리듯이 이직하는 패턴도 존재한다는 것이다. 우리는 사회복지 현장과 사회복지사들을 위해 이러한 다양한 패턴들을 더 구체적으로 탐색하고, 각 패턴에 맞춰 대응할 수 있는 정교한 개입 전략들을 고안해 내야 할 것이다.

또한 이 연구의 결과는 사회복지사의 이직을 어떤 관점으로 바라볼 것인가에 대한 논의를 유도하는 것으로 보인다. 사회복지사의 이직과 관련된 선행연구들은 조직과 업무, 클라이언트에 대한 이직의 부정적 영향이나 심리적, 사회적, 경제적인 이직 요인에 초점을 맞추어 왔다. 이러한 관점은 이직 현상의 단편만을 바라보게 되는 한계를 가진 것으로 보인다. 이 연구에서는 이직과 관련된 요인이 훨씬 더 많고 복합적일 뿐만 아니라 그것들이 서로 연결되어 있음을 발견하였다. 또한 비전 추구라는 측면에서 보면 사회복지사의 이직은 결과적으로 해당 조직과 클라이언트에게 긍정적 영향을 미칠 수 있을 뿐만 아니라 개인의 경력 관리를 위해서 필요한 과정이라고도 할 수 있는 것이다. 다르게 말하자면, 이 연구의 결과는 조직 효과성과 효율성, 클라이언트의 신뢰 등에 미치는 부정적 영향에 초점을 두어 사회복지사의 이직을 부정적으로 보고 그것을 막기 위한 전략을 고안할 것인가, 아니면 사회복지사의 경력 관리나 조직과 구성원의 최적 조합을 만들기 위한 과정이라는 관점에서 긍정적으로 보고 그 과정을 촉진하기 위한 전략을 만들어 갈 것인가 하는 질문을 던지며 사회복지 조직 관리자들의 관점에 도전하는 것이다. 이러한 주제는 이 한 편의 논문으로 답을 내기는 어려울 것이라고 생각되며, 연구 결과들을 축적하여 더욱 풍부한 논의를 이끌어 가야 할 것으로 보인다.

이러한 논의와 연구 결과를 토대로 사회복지사의 이직과 관련하여 사회복지 조직들이 고려해야 할 사회복지 행정의 지침들을 구체적으로 제시하면 다음과 같다. 첫째, 사회복지 행정가들은 인사 관리 차원에서 사회복지사들의 이직을 관리하기 위해 더욱 다양한 요인들을 고려해야 할 것이다. 이 연구에서 중요하게 파악된 요인들 중 하나로 개인의 비전과 가치가 있었다. 그렇다면 사회복지사를 채용할 때 조직과 같은 비전과 가치를 가진 사람을 선발할 필요가 있고, 채용한 이후에도 비전과 가치를 공유하도록 유도할 필요가 있을 것이다. 또한 개인의 비전과 가치가 매우 다양하다는 것도 고려할 필요가 있다. 어떤 이는 클라이언트의 변화에 가치를 두지만 어떤 이는 자아실현에 가치를 두며, 어떤 이는 사회 구조의 혁신에 가치를 두기도 한다. 스스로 비전을 이루기 위해 적극적으로 일을 만들어 내는 이도 있지만 자기 비전에 맞는 조직을 찾아다니는 이도 있으며, 조직의 비전에 맞춰 자신의 비전을 바꾸는 사람도 있다. 업무 특성이나 관계 특성, 조직 특성 등은 이미 많은 선행연구에서 거론된 것들이므로 더 논의할 필요는 없을 것이다. 이 연구에서 발견된 또 다른 요인군으로서 '가족'에 대한 고려도 필요하다. 이 이슈는 흔히 대규모 사회복지법인에서 관리자들의 보직 순환을 할 때 자주 쟁점이 되는 것으로 보인다. 상당수의 조직들이 이러한 상황에 놓여 있다는 점을 고려할 때, 가족의 구조와 상황을 고려하면서 보직순환이나 이직의 방법 등을 결정해야 할 것이다.

둘째, 이직에 대한 조직의 대처에 대한 것이다. 서론 도입부에도 언급했던 사례의 경우, 전임자의 이직 이후 업무가 가중되었음에도 조직이 아무런 대책 없이 내버려 두었는데 사회복지사가 이직할 의사가 있음을 알게 되었을 때에도 별다른 반응을 보이지 않아 이직 과정이 더 촉진되는 양상을 보였다. 또한 이 연구에서 어떤 사회복지사들은 조직을 떠난 뒤에 좋지 않은 기억을 갖고 있고, 다른 사회복지사들은 어쩔 수 없이 떠나야 했던 옛 조직을 추억하고 있다. 이직이 자발적으로 이루어졌든 불가피하게 이루어졌든 이직 자체가 불가피한 것이라면 몸담고 있던 조직에 대해 좋은 기억을 갖도록 할 필요가 있을 것이다. 기관에 대한 평판이라는 차원에서도 그러하다. 사회복지 행정가들은 특정 조직 구성원이 이직 의사를 밝혔을 때 또는 이직하게 되었을 때, 그가 업무를 잘 마무리하고 인수인계를 충분히 하며 관계를 긍정적으로 평가하면서 정리할 수 있도록 도와야 할 것이다.

셋째, 경력 직원에 대한 조직의 수용 전략을 마련해야 한다. 이 연구에서 여러 번의 이직 경험을 가진 사회복지사들은 대체로 이직 이후에 이전 조직과 현재 조직을 비교하게 되는 것으로 보인다. 이것은 자연스럽고 불가피한 일이다. 다만 이미 이직을 한 상태에서는 이전 조직과 비교하여 단점을 찾고 장점을 간과하는 것보다는 새로운 조직의 강점에 초점을 두고 자신을 맞춰 가면서, 또한 자신의 강점을 활용하여 조직에 기여하는 방향으로 적응해 가도록 해야 할 것이다. 이는 일선 사회복지사나 중간 관리자, 최고 관리자 모두에게 적용되는 것으로 보인다.

넷째, 개별 사회복지사의 입장에서는 이직 과정의 대처 전략에 대한 검토도 필요하다. 어떤 사회복지사는 이직할 직장을 먼저 구해 놓은 뒤에 현재 조직에 이직을 통보하고, 어떤 사회복지사는 일단 조직을 떠난 뒤에 새로운 조직을 찾아 나섰으며, 어떤 사회복지사는 다른 조직에 있는 지인의 소개로 스카우트되기도 하였다. 이 중에서 어떤 경로가 더 낫다고 말할 수는 없을 것이다. 다만 각자가 처한 상황에서 적절한 전략들을 활용할 필요가 있을 것이다. 즉, 앞에서 제시한 첫 번째 경우에는 이직 사실을 통보했을 때 행정가와 동료들이 배신감을 느낄 수 있고, 갑작스러운 이직으로 인수인계를 제대로 하지 못한 상태에서 조직을 떠날 수도 있을 것이다. 두 번째 경우에는 현실에 대한 불안과 미래에 대한 두려움으로 제대로 알아보지도 않은 채로 성급하게 새로운 조직을 찾아 들어갈 수도 있다. 모두 좋지 못한 일들이다. 따라서 배신감을 느끼지 않도록 상사와 동료들에게 충분히 설명을 하거나, 두 조직에 모두 양해를 구하여 시간을 번 뒤에 충분히 인수인계를 하고 나오거나, 마음의 여유를 두고 충분히 정보를 수집하고 여러 대안을 놓고 숙고한 뒤에 이직할 기관을 선택하는 등의 대처 전략이 필요한 것이다.

　이 연구는 그동안 평면적, 단선적으로 파악되어 온 이직의 맥락과 패턴을 다차원적, 복합적으로 이해할 수 있는 단초를 제공했다는 점에서 의의를 가지고 있다. 그러나 지면의 제약이나 사례 수가 제한되어 있다는 점에서 더 촘촘한 맥락과 다양한 패턴을 파악하지 못한 한계도 있다. 후속연구에서는 개별 사례를 더욱 상세하게 분석하고 기술하여 이직 맥락의 복잡성을 더 정교하게 설명할 수 있도록 하거나, 더 많은 사례들을 포괄하여 다양한 패턴을 찾고 그에 따른 사회복지 조직의 대응 전략들을 고안하기 위한 접근을 시도해 볼 필요가 있을 것이다. 또한 이 연구는 사회복지 현장 내에서 다른 유형의 조직으로 이직한 경우만을 사례로 선정함으로써 연구의 범위가 제한된 한계가 있다. 후속연구에서는 동일 유형 조직 간의 이직이나 민간 조직과 공공 조직 간의 이직, 사회복지 현장과 다른 직업 간의 이직 현상도 탐구할 필요가 있을 것이다.

## 📑 참고문헌

강제상·김광구·고대유(2011). 사회복지사의 이직의사에 관한 연구. 한국인사행
    정학회보, 10(2), 85-117.

강현아(2011). 아동복지기관 종사자의 내재적 동기가 경력몰입을 통해 이직의도
    에 미치는 영향. 사회복지연구, 42(4), 445-468.

강현아·노충래·박은미·신혜령(2008). 아동복지 종사자들의 직무 스트레스 요
    인, 소진 및 이직의도의 관계. 한국사회복지학, 60(3), 107-127.

공계순(2005). 아동학대예방센터 상담원의 이직의도 관련요인에 관한 연구. 한국
    아동복지학, 19, 7-35.

권용수(2006). 사회복지전담공무원의 직무스트레스 유발요인 및 이직의도에 관한
    실증적 연구. 한국행정논집, 18(3), 743-764.

권지성(2012). 사회복지 질적 연구접근의 재구성: 그리고, 은밀한 맥락을 찾아서.
    사회복지연구, 19, 159-181.

김교정(2003). 사회복지실무자의 이직의도에 대한 연구: 부산 사회복지기관의 실
    무자를 중심으로. 경성통일논총, 19(2), 65-93.

김성한(1997). 사회복지사의 이직의도 결정 요인에 관한 연구. 서울대학교 박사학
    위논문.

김정헌·송건섭·이곤수(2002). 사회복지전문요원의 이직의도 영향 요인에 관한
    연구. 복지 행정논총집, 9, 127-143.

문영주(2010). 사회복지사의 개인적 동기가 이직의도에 미치는 영향: 다중몰입의
    매개효과를 중심으로. 서울대학교 박사학위논문.

박연희·주미연·박미정(2009). 노인복지시설 종사자의 이직의도 영향 요인: 광
    주·전남지역 노인복지시설 중심으로. 사회복지정책, 36(4), 241-262.

양점도·정영주(2012). 사회복지사의 이직의도에 미치는 영향 요인에 관한 연구.
    복지 행정논총, 22(1), 177-197.

엄기욱·박인아(2007). 사회복지사의 기관유형, 급여 수준, 직업만족이 이직의도
    에 미치는 영향에 관한 연구. 한국사회복지조사연구, 16, 105-124.

이인재·최은미(2003). 자활후견기관 실무자의 이직의도 결정 요인. 사회복지연구,
    22, 229-255.

이혁준·오영삼·이지선(2010). 사회복지사가 지각한 조직공정성이 조직몰입과

이직의도에 미치는 영향에 관한 연구: 성장욕구의 매개효과를 중심으로. 한국
사회복지조사연구, 24, 153-181.

장윤정(2011). 공공·민간 사회복지사 이직의도 결정 요인 비교연구. 노인복지연
구, 51, 361-382.

정선욱·권지성·장연진(2006). 사회복지관의 사회복지사 채용실태 연구. 사회복
지연구, 31, 41-76.

한국사회복지사협회(2011). 2011년 한국사회복지사 기초통계연감.

국립국어원(2013). 표준국어대사전. http://www.korean.go.kr.


Kahn, R. L., Wolfe, D. M., & Quinn, R. P. (1964). *Organizational stress:
Studies in role conflict and ambiguity*. Wiley.

Mobely, W., Hhorner, S., & Griffeth, R. (1979). Review and conceptual analysis
of employee turnover process. *Psychological Bulletin, 86*(3), 493-522.

Muchinsky, P., & Mmarrow, P. C. A. (1980). Multidisciplinary model of
voluntary employee turnover. *Journal of Vocational Behavior, 17*,
263-90.

234

# 감사의 글

**고맙습니다.**

늘 멈추지 않았던, 추진력의 모범이 되어 주신
아버지 故 권술용 선생님께,
평생에 걸쳐 따뜻함과 헌신의 모양을 보여 주신
엄마 김안나 님께,
내 몸과 마음과 영혼을 늘 살아 있게 만드는
사랑하는 아내 방희선 님께,
연구나 교육 현장과 완전히 다른 맥락을 만들고
다른 사람이 되게 만드는 자녀들 시온, 시윤, 나윤에게
사랑과 감사의 마음을 전합니다.

일터라는 맥락에서
늘 배려와 위로, 격려의 패턴을 보여 주시는
조학래, 주소희, 오인근 선생님께,
맥락-패턴 분석의 첫 밑그림을 그려 준
장혜진, 윤진, 조윤정 선생님께,
오랜 동지처럼 꾸준히 제 연구의 맥락과 패턴을 함께 해 준
이미선, 이현주, 박애선 선생님께,
입양아동종단연구를 통해 입양의 맥락과 패턴을 함께 탐색하고 있는

변미희, 안재진, 최운선 선생님께,
오래전부터 생각과 삶을 공유하며 질적 연구자의 길을 동행하고 있는
정선욱, 김진숙, 장연진, 김진우, 김미옥 선생님께,
특별히 감사의 마음을 전합니다.

일일이 거론하지는 못하지만,
그동안 다양한 공동연구를 함께 해온 많은 연구자들과
사회복지와 질적 연구, 질적 평가에 대한 생각들을 나눠 온 연구자들,
대학원 수업 과제의 형식으로 공동연구를 수행한 대학원생들,
논문에 인용되지는 않지만, 녹취록을 풀고, 기초분석을 수행하여
가장 중요하고, 가장 힘든 일을 도맡아 준 침례신학대학교 제자들에게
진심으로 감사의 마음을 전합니다.

고맙습니다. 앞으로도 잘 부탁드릴게요.

또한 제게 삶을 허락하시고, 은밀하게 지켜 주시며, 인도해 주시는 하나님.

고맙습니다.

## 저자 소개

### 권지성(Kwon Jisung)

사회복지사. 질적 연구자.

침례신학대학교 사회복지학과 부교수.

2003년 8월, 서울대학교에서 국내 「공개입양가족의 적응 과정에 관한 연구」로 사회복지학 박사학위를 받으면서 질적 연구의 세계에 입문하였다. 주요 연구 분야는 입양, 가정위탁, 양육시설 등을 포함한 아동복지와 사회복지행정이며, 입양아동발달에 관한 종단연구, 한국복지패널 연계 질적 연구, 연장입양 가족의 적응에 관한 혼합연구 등 질적 연구접근이 포함된 장기 종단연구에 꾸준히 참여해 왔고, 사회복지사들을 대상으로 한 질적 연구 시리즈를 수행해 왔다. 가족, 빈곤, 지역사회복지 등 다른 분야에도 관심을 기울여 왔으며, 2012년부터는 프로그램 질적 평가에도 몰입하고 있다. 그동안 발표한 학술 논문의 대부분을 질적 연구로 수행하였으며, 다양한 질적 연구접근을 여러 가지 주제에 적용해 오다가 새로운 질적 연구접근의 개발에 이르게 되었다. 『질적 연구 방법론: 다섯 가지 접근』(공역, 학지사)의 공역자 중 한 명이며, 『사회복지 질적 연구 방법론의 실제』(공저, 학지사)의 공저자 중 한 명이다. 저자는 아동복지와 사회복지행정에 대한 실천적, 이론적 몰입과 함께 이 책 『사회복지 질적 연구접근으로서 맥락-패턴 분석 방법: 은밀한 맥락을 찾아서』의 완성을 평생 연구과업으로 생각하고 있다.

사회복지 질적 연구 방법론으로서

# 맥락-패턴 분석 방법

은밀한 맥락을 찾아서

Context-Pattern Analysis Method as a Qualitative Research Approach
for Social Welfare: Searching for Hidden Context

2018년 11월   1일  1판 1쇄 인쇄
2018년 11월  10일  1판 1쇄 발행

지은이 • 권지성
펴낸이 • 김진환
펴낸곳 • (주) **학지사**

　　　04031 서울특별시 마포구 양화로 15길 20 마인드월드빌딩
대표전화 • 02)330-5114　　　팩스 • 02)324-2345
등록번호 • 제313-2006-000265호

홈페이지 • http://www.hakjisa.co.kr
페이스북 • https://www.facebook.com/hakjisabook

ISBN  978-89-997-1669-0  93330

정가  15,000원

저자와의 협약으로 인지는 생략합니다.
파본은 구입처에서 교환해 드립니다.

이 도서의 국립중앙도서관 출판시도서목록(CIP)은 서지정보유통지
원시스템 홈페이지(http://seoji.nl.go.kr)와 국가자료공동목록시스템
(http://www.nl.go.kr/kolisnet)에서 이용하실 수 있습니다.
(CIP 제어번호: CIP2018031610)

교육문화출판미디어그룹 **학지사**

심리검사연구소 **인싸이트** www.inpsyt.co.kr
원격교육연수원 **카운피아** www.counpia.com
학술논문서비스 **뉴논문** www.newnonmun.com
간호보건의학출판 **학지사메디컬** www.hakjisamd.co.kr

# 학지사는 깨끗한 마음을 드립니다

### 사회복지실천과
### 척도개발
-표준화된 척도를 중심으로-

엄명용 · 조성우 공저

2005년
신국판 · 반양장 · 240면 · 13,000원
ISBN 978-89-5891-051-0 93330

### 질적 연구방법론
-다섯 가지 접근-

원서 3판

John W. Creswell 저
조흥식 · 정선욱 · 김진숙 · 권지성 공역

2015년
사륙배판 · 양장 · 520면 · 23,000원
ISBN 978-89-997-0594-6 93370

### 질적 연구
-시작부터 완성까지-

Robert K. Yin 저
박지연 · 이숙향 · 김남희 공역

2013년
사륙배판 · 반양장 · 488면 · 20,000원
ISBN 978-89-997-0237-2 93370

### 사회복지사를 위한
### SPSS

이윤로 · 유시순 공저

2009년
사륙배판 · 반양장 · 264면 · 13,000원
ISBN 978-89-93510-30-0 93330

### 사회복지 질적
### 연구방법론의 실제

홍현미라 · 권지성 · 장혜경 ·
이민영 · 우아영 공저

2008년
크라운판 · 반양장 · 360면 · 16,000원
ISBN 978-89-5891-632-1 93330

### 근거 이론의 발견
-질적 연구 전략-

Barney G. Glaser ·
Anselm L. Strauss 공저
이병식 · 박상욱 · 김사훈 공역

2011년
신국판 · 양장 · 368면 · 16,000원
ISBN 978-89-6330-605-6 93370

### 근거이론 분석의 기초
-글레이저의 방법-

Barney G. Glaser 저
김인숙 · 장혜경 옮김

2014년
신국판 · 반양장 · 304면 · 14,000원
ISBN 978-89-997-0472-7 93370

### 근거이론의 구성
-질적 분석의 실천 지침-

Kathy Charmaz 저
박현선 · 이상균 · 이채원 공역

2013년
크라운판 · 반양장 · 400면 · 18,000원
ISBN 978-89-997-0138-2 93330

# 학지사는 깨끗한 마음을 드립니다

다세대 발달관점의
## 가족관계

Stephen A. Anderson ·
Ronald M. Sabatelli 공저
정문자 · 정현숙 · 정혜정 ·
전영주 · 정유진 공역

2016년
사륙배판변형 · 양장 · 544면 · 22,000원
ISBN 978-89-997-1067-4 93180

2판
## 가족복지론

손병덕 · 황혜원 · 전미애 공저

2014년
크라운판 · 양장 · 512면 · 20,000원
ISBN 978-89-997-0374-4 93330

## 새로운 건강가정론

이선형 · 임춘희 · 강성옥 공저

2017년
크라운판 · 양장 · 400면 · 20,000원
ISBN 978-89-997-1267-8 93330

3판
## 아동복지론

오정수 · 정익중 공저

2017년
사륙배판 · 양장 · 520면 · 21,000원
ISBN 978-89-997-1339-2 93330

## 아동보호서비스의
## 새로운 패러다임
-해결중심 접근-

Insoo Kim Berg · Susan Kelly 공저
김성천 감수
김윤주 · 최인숙 공역

2013년
크라운판 · 반양장 · 432면 · 19,000원
ISBN 978-89-6330-994-1 93330

## 가정외 아동보호와
## 경제성 평가

노충래 · 우석진 · 정익중 ·
강현아 · 전종설 공저

2015년
크라운판 · 반양장 · 246면 · 15,000원
ISBN 978-89-997-0761-2 93330

## 지역아동센터의
## 이해와 실제

부스러기사랑나눔회 편
강명순 · 이경림 · 김성경 · 정익중 ·
박영숙 · 최은정 · 백현종 · 김부야 공저

2010년
크라운판 · 반양장 · 448면 · 18,000원
ISBN 978-89-6330-461-8 93330

## 아동 · 청소년
## 그룹홈의 이해

김광수 저

2013년
사륙배판 · 반양장 · 400면 · 17,000원
ISBN 978-89-997-0221-1 93330